MEDITACIÓN

Atención Plena Para Que Los Principiantes Eliminen El Estrés

(Descubre el poder de la meditación)

Nuri Ríos

Publicado Por Daniel Heath

© **Nuri Ríos**

Todos los derechos reservados

Meditación: Atención Plena Para Que Los Principiantes Eliminen El Estrés (Descubre el poder de la meditación)

ISBN 978-1-989808-44-3

Este documento está orientado a proporcionar información exacta y confiable con respecto al tema y asunto que trata. La publicación se vende con la idea de que el editor no esté obligado a prestar contabilidad, permitida oficialmente, u otros servicios cualificados. Si se necesita asesoramiento, legal o profesional, debería solicitar a una persona con experiencia en la profesión.

Desde una Declaración de Principios aceptada y aprobada tanto por un comité de la American Bar Association (el Colegio de Abogados de Estados Unidos) como por un comité de editores y asociaciones.

No se permite la reproducción, duplicado o transmisión de cualquier parte de este documento en cualquier medio electrónico o formato impreso. Se prohíbe de forma estricta la grabación de esta publicación así como tampoco se permite cualquier almacenamiento de este documento sin permiso escrito del editor. Todos los derechos reservados.

Se establece que la información que contiene este documento es veraz y coherente, ya que cualquier responsabilidad, en términos de falta de atención o de otro tipo, por el uso o abuso de cualquier política, proceso o dirección contenida en este documento será responsabilidad exclusiva y absoluta del lector receptor. Bajo ninguna circunstancia se hará responsable o culpable de forma legal al editor por cualquier reparación, daños o pérdida monetaria debido a la información aquí contenida, ya sea de forma directa o indirectamente.

Los respectivos autores son propietarios de todos los derechos de autor que no están en posesión del editor.

La información aquí contenida se ofrece únicamente con fines informativos y, como tal, es universal. La presentación de la información se realiza sin contrato ni ningún tipo de garantía.

Las marcas registradas utilizadas son sin ningún tipo de consentimiento y la publicación de la marca registrada es sin el permiso o respaldo del propietario de esta. Todas las marcas registradas y demás marcas incluidas en este libro son solo para fines de aclaración y son propiedad de los mismos propietarios, no están afiliadas a este documento.

TABLA DE CONTENIDO

Parte 1 1

Introducción 2

Capítulo 1 - Introducción A La Meditación 6

Capítulo 2 - La Meditación Y El Reconocimiento Espiritual 14

Capítulo 3 - Preparaciones Para La Meditación 18

Capítulo 4 - Los Beneficios De La Meditación 26

Capítulo 5 - Salud Y Bienestar 32

El Sueño 35

Capítulo 6 - ¿Cuándo Solemos Evitar La Meditación? 38

Momentos Del Día 39
Ejercicio Y Meditación 42
La Negatividad Y La Meditación 42

Capítulo 7 - Un Poco De Ayuda Para Empezar A Meditar 44

Capítulo 8 - Meditación De Yoga Para Principiantes Con Instrucciones Completas 48

Relajación - Previo A La Meditación 51
Más Ideas De Relajación Que Te Ayudarán Con La Meditación 52
Ejercicios Enfocados En La Postura Para Personas Que Tienen Problemas De Movilidad 53

Capítulo 9 - Meditación Con Mantras, Con Instrucciones Para Su Realización 58

¿Por Qué Es Importante Ponernos Un Límite? 64
Consejos Que Te Ayudarán Con Tu Meditación Con Mantras 65
Identifica El Objetivo Principal De La Meditación 66

Capítulo 10 - Meditación Mientras Caminamos 67

Ejercicio Para Meditar Mientras Caminas 70

Capítulo 11 - La Meditación De La Atención Plena Y Su Proceso 74

Conozcamos Un Poco Más Sobre La Atención Plena 79
¿Hacia Quién Está Dirigida La Atención Plena? 80
La Práctica De La Atención Plena 81

Ejercicio De Observación 85
Ejercicio De Observación En General 87

Capítulo 12 - Las Preguntas Más Comunes Sobre La Meditación Y Sus Respuestas 89

Capítulo 13 - Desarrolla Tu Práctica De Meditación 96

Conclusión 103

Parte 2 109

Introducción 110

Capítulo 1: Empezando Con La Meditación 113

Capítulo 2: Beneficios De La Meditación 118

Capítulo 3: Meditación Para El Crecimiento Espiritual 120

Capítulo 4: Meditación Para Relajación 124

Capítulo 5: Meditaciónpara Concentración Y Visualización 127

Capítulo 6: Meditaciónpara Conciencia Plena Y Exploración Del Cuerpo. 131

Capítulo 7: Meditaciónpara La Transcendencia 136

Capítulo 8: Meditaciónpara Cultivar Emociones Específicas 141

Capítulo 9: Meditaciónpara Autosanación 145

Capítulo 10: Meditación Usandovipassana 150

Capítulo 11: Meditación En Movimientotai Chi 155

Capítulo 12: Meditación En Movimiento - Caminar 160

Capítulo 13: Suministros Para La Meditación 165

Capítulo 14: Prácticas Diarias Demeditación 176

Capítulo 15: Tópicos Especiales 180

Conclusión 198

Parte 1

Introducción

Han pasado varios años desde que descubrí la meditación. Sin embargo, se ha convertido en parte de mi vida por una muy buena razón. Parecía que todo el estrés y las presiones de la vida hacían que fuera navegando en ella contracorriente. Como si mi vida fuera una batalla cuesta arriba. Enfrentarme al estrés del trabajo, la presión de mi vida familiar y las interminables preguntas que pasaban por mi mente cada noche. Hasta que me di cuenta de que tenía que ceder en algo.

Siempre he creído en la existencia de algo que es mucho más grande que el ser humano. Nunca dudé de la naturaleza de mi parte espiritual, aunque en ese momento de mi vida, no sabía cómo podía llegar a sentirme espiritualmente lleno y pleno. Algo no estaba bien. Cada día, millones de personas cuestionan su vida. Si miramos los números, el año pasado 35 millones de personas fueron tratadas por depresión en los Estados Unidos. Agreguemos a eso la población de otros países y veremos en qué se ha convertido la humanidad.

Después de haber regresado a mis raíces y de haber leído las palabras de "El Profeta" de KhalilGibran, decidí que era momento de encontrarle una respuesta a mi angustia; esa respuesta fue la meditación. Hay muchos tipos de meditación, por lo que tienes que encontrar el que te funcione mejor. Sin embargo, cuando lo encuentras, comienzas a pasar por encima de todas las cosas malas que pueden suceder en la vida y a ver todo desde su perspectiva correcta. Mi viaje puede ser también el tuyo, pero debes estar listo para tomarlo y aceptar todo lo que venga con él.

Podrás ponerle un alto al estrés, acercarte a tu ser espiritual y manejar tu vida de una manera mucho más productiva. Yo utilizo diferentes métodos de meditación para diferentes propósitos y todos están explicados en este libro, pues necesitas aprender estos sistemas que te ayudarán a manejar mejor tu vida y a conectarte con tu lado espiritual. También te ayudará a encontrar una cierta paz entre tu cuerpo y tu mente, lo cual alzará a tu espíritu a un nuevo plano. ¿Por qué escribir sobre todo esto? Porque es muy importante. Hoy en día, los niveles de estrés se están elevando de manera impresionante, así que, si este libro puede servir de ayuda a una persona, entonces el tiempo dedicado habrá valido la pena. Si de algo estoy seguro, es de que las personas que han tomado este camino conmigo han podido dejar de lado al estrés y han aprendido a apreciar ese lugar interior, de donde vienen todas nuestras emociones. También han aprendido a ser personas positivas y a seguir con sus vidas con un paso seguro, sabiendo que el mapa ya está trazado.

Probablemente se pregunten de dónde viene toda esta idea de la meditación y cómo ha sido introducida, pero para saber la respuesta tendrían que regresar al siglo VI a.C. Yo quería saber más sobre sus raíces, porque eso te ayuda a apreciar cómo se descubrieron los beneficios de la meditación.

Siddhartha Gautama fue una persona clave en la formación del estilo de vida budista, pero lo hizo por una razón en específico. Nació en una familia adinerada y, como príncipe, no conocía el sufrimiento. Hasta que decidió aventurarse por el mundo y lo descubrió por sí mismo. Había llevado una vida que lo protegía de todo ello. Cuando vio el sufrimiento de las personas, fuera de la seguridad de su palacio, decidió hacer algo al respecto. A través de la meditación, vio que las respuestas a este dilema se aclaraban y se basaban en lo que había descubierto después de una larga sesión. En ese momento se creó el Noble Camino Óctuple, que hoy en día es la base de la religión budista.

El saber que las personas que meditan buscan alcanzar el mismo nivel de entendimiento, me motivó a querer perfeccionar mi práctica de meditación, pues los profesionales llegan a alcanzar un lugar conocido como "Nirvana" o un lugar donde todo tiene explicación y toda la sabiduría del mundo se vuelve más clara. En lo personal, no quería cambiar al mundo, pero quería que mi actitud me llevara al cambio y la meditación me ayudó a lograrlo.

Este libro está escrito como una guía que te ayude a encontrar ese lugar espiritual dentro de ti, donde todo tendrá un mayor esclarecimiento. Cuando esté sucediendo, lo sabrás. Podrás ver los problemas con claridad y podrás controlar tu vida, dejando a la depresión y los sentimientos negativos fuera.

¿Te será de ayuda? Puedes estar seguro de que, si practicas regularmente, la meditación te será de gran ayuda. La meditación tranquiliza tu ritmo cardíaco, reduce tu presión sanguínea y te ofrece ese tiempo esencial para concentrarte en tu respiración. Hace que te sientas más feliz porque tu vida está mejor balanceada. Te vuelves capaz de ver las cosas de una manera más objetiva y de encontrar algo dentro de ti que te ayuda a lidiar con el estrés de cada día. ¿A mí me ha ayudado? Definitivamente, y es por ello que este libro es tan importante para mí y me gustaría que fuera esencial para tu bienestar y felicidad.

Capítulo 1 - Introducción a la Meditación

Si no has oído hablar del trabajo de KhalilGibran, te será difícil saber por qué menciono muchas de sus citas. Pero puedo decirte que la razón principal, es porque este filósofo sabía la respuesta a la mayoría de los problemas que formaban parte de mi vida y de las vidas de otros. Es increíble la forma en que su elocuencia es capaz de identificar los verdaderos sentimientos y darles sentido. KhalilGibran nació en el Líbano y murió en 1931. Para mí, es difícil pensar en él en tiempo pasado, pues siento que forma una parte muy importante de mi día a día. Su filosofía me ha servido de guía durante tiempos difíciles y me ha ayudado a celebrar los buenos tiempos de mi vida, por lo que guardo conmigo su libro "El Profeta", que me recuerda las cosas verdaderamente importantes de la vida. *En este libro en particular, el profeta está a punto de dejar una ciudad en la que se había convertido en parte integral de las vidas de las personas a su alrededor. Estas personas le piden ayuda antes de que se marche y le hacen muchas preguntas con respecto a la vida, pidiendo su filosofía en cada una de ellas. Te darás cuenta de que eres capaz de conectarte con tu espiritualidad si tomas en cuenta su trabajo mientras meditas. Te recuerda los aspectos fundamentales de la vida y te ayuda a ubicarte de la mejor manera en tu mente, para que tu práctica sea productiva.*

Cuando apenas se empieza en el camino hacia la meditación, es difícil imaginar el sentido que tiene el silencio dentro de tu alma. De hecho, la mayoría de las personas no pueden dejar de lado sus pensamientos y ven a la meditación como una práctica de moda en la que uno puede encerrarse, como parte de un régimen de vida. Los principiantes no entienden muy bien el significado que tiene en su calidad de vida. Hay mucho poder de sanación dentro del cuerpo humano, el cual no aprovechamos. *Cuando meditas, permites que esa gran fuente de poder de sanación se utilice para hacer de tu vida un lugar mejor.*

Yo solía creer que era imposible tranquilizar la mente, y tal vez lo es, pero lo que hace la meditación es darle un rumbo a esos pensamientos para que dejen de llegar de manera aleatoria. Tú tienes la capacidad de pensar en qué puede evitar que tu mente se disperse. Esa es la diferencia entre la meditación y el proceso normal de pensar. De eso se trata la meditación; de ese enfoque. Conforme vayas avanzando con este libro, verás que he presentado diferentes tipos de meditación, pues no hay un solo tipo que se ajuste a todos. Cada quien descubrirá cual de ellos le funciona mejor. Todos los principiantes deben de encontrar dónde se sienten más cómodos, y esto les será de mucha ayuda.

Si hablamos de meditación, los budistas están muy bien ubicados. De hecho, GautamaBuddha, quien desarrolló la filosofía budista, se aisló de todos para encontrar respuestas y descubrió que el origen del sufrimiento humano es en realidad el mismo comportamiento humano. Los budistas siguen las reglas que él estableció como la base del budismo, y aunque no vayas a convertirte en un moje budista o en creyente, quería que vieras esta comparación, pues muchas filosofías utilizan esta misma paz interior como la base de todo aquello en lo que creen, y ahora entiendo por qué.

Para ayudarte a tener un mejor entendimiento, si hay algún lugar en la Tierra, al cual te sea fácil llegar y que te deje sin aliento, ahí es donde debes de estar para poder entender de qué se trata la meditación. Si me lo permites, te lo explico. Mi lugar es una colina, y desde esa colina puedo ver todo el campo a mi alrededor. Los colores, la belleza e incluso hay momentos del día en los que se puede ver la unión del cielo y la tierra. Es maravilloso. Los mejores momentos son al atardecer o al amanecer. *También se puede tener una vista panorámica del mundo que se extiende a lo lejos de la colina, y es este fondo el que me llena de inspiración.*

El punto de ir a un lugar que te deje sin aliento es que esto te ayuda a darle un balance a tu mundo. Comienzas a ver lo pequeños que somos en el orden de las cosas, y eso es muy importante para crear un balance. A pesar de que seamos pequeños, somos uno de los granos de arena que conforman el mundo en el que vivimos, y ese grano es tan importante como como lo que ves frente a ti en ese maravilloso lugar. Cada elemento de esa escena es tan importante como el siguiente, pero al mismo tiempo es pequeño y tiene una cierta insignificancia cuando lo comparamos con toda la imagen. De ahí viene la humildad. Tienes que experimentar la humildad para poder cerrar tu mente y confiar en tu instinto interior. Ahí es donde empieza la meditación. *Fui a mi lugar especial hace mucho tiempo y descubrí que cuando tuviera algún dilema en mi vida al que no le encontrara respuesta, este sería mi mejor lugar para meditar. Me trajo paz mental, pero también me recordó que soy parte esencial de este maravilloso mundo. Tan esencial como los árboles, el pasto, la arena y el agua.*

Los he llevado a este lugar especial de manera intencional. Tal vez para ustedes sea una playa al atardecer. Tal vez sea ante una gran cascada o bajo las ramas de un roble de 400 años de edad. Donde sea que encuentren ese asombro es un buen lugar para encontrar la humildad y entender el pequeño rol que jugamos. Con ello, podrás dejar de lado todas aquellas preocupaciones y dudas que consideras tan importantes para verlas desde su perspectiva correcta. Ese es el primer paso para aprender de qué se trata la meditación. *Sí, es una aventura espiritual. No una religiosa. Sí, los budistas la usan como la base de su filosofía, pero no te preocupes por eso. Te darás cuenta de que la meditación te ayuda a entender las conexiones entre tu cuerpo y tu mente y a unirlos, para que estés mejor preparado para enfrentarte a todo lo que suceda en tu vida.*

El punto es, que antes de que empieces con la práctica de la meditación necesitas entender sus principios básicos. Un lugar, de tu elección, inspirador y asombroso, te permitirá ver lo que sucede cuando sacas todos los pensamientos de mente y los reemplazas con cosas positivas. Eso es lo que se hace en la práctica de la meditación. Hay acciones que no están conectadas a un pensamiento y hay otras que sí lo están. Es muy común que cuando te encuentras en un ambiente impresionante e inspirador, todos los pensamientos negativos que puedas tener se vayan y te concentres en el positivismo de lo que estás viendo.

Si logras llegar a este lugar, cierra tus ojos y siéntate de manera cómoda. Vacía tu mente. No tiene que ser por mucho tiempo, como normalmente se hace cuando meditas. Solo es una introducción. Cuando sientas que estás listo para experimentar ese asombro, abre tus ojos y disfruta esa belleza que te rodea, ya que esto te ayudará a entender tu propio significado en el transcurso de la vida, tal y como es, y a entender que el universo es tan solo el comienzo. *También hará que dejes de pensar en el ayer, en malos comentarios que te hayan hecho o que dejes de preocuparte por el mañana.*

Todo lo demás viene de saber que eres un niño en esta Tierra. Te das la confianza suficiente para dejar ir absolutamente todo durante tu meditación. Con el tiempo, esto te establecerá en un estado de calma que se llevará todo el estrés y las preocupaciones de tu vida. Y con la práctica, esto empezará a hacerte sentir renovado y completo de nuevo, como cuando eras niño. Para un bebé, que no conoce la decepción, ese asombro está presente y puede reaparecer en cualquier momento de tu vida con ayuda de la meditación.

¿Has notado que las telarañas suelen tener gotas de rocío que adornan tu jardín, muy temprano por la mañana, y parecen collares de diamantes? ¿Has visto el círculo de setas que se forma cada año en el bosque de los secretos? ¿Has visto a un ave recolectar pequeños palos para hacer un nido para sus crías? En este mundo, todo el tiempo ocurren maravillas alrededor de ti, y aun así pasamos sin siquiera notarlo, perdidos en las batallas emocionales que llevamos dentro de nosotros. La meditación nos ayuda a reemplazar esas batallas y comenzar a usar nuestra mente de la misma forma tan clara en la que KhalilGibran la vio cuando escribió su libro. Vuelve a leer la citación al principio de este capítulo, pues es verdad que puedes liberarte del dolor que sientes y de abrir tu mente a una nueva forma de entendimiento.

La introducción a la meditación se trata, más que nada, de saber por qué queremos hacerlo. Es necesario que te hayas percatado de que el mundo en el que vivimos no es perfecto. Esto te llevará a buscar soluciones para hacer de este mundo un mejor lugar. La meditación te ayuda a que alcances esos sueños y comiences a ver la vida con perspectiva. Entonces, serás capaz de controlar tus emociones. También percibirás mucho mejor los sentimientos de los demás y verás que la vida se volverá más fácil.

Si sufres de estrés o depresión, la meditación te ayuda a que te enfoques en las cosas que realmente importan. Por consiguiente, serás menos propenso a concentrarte en los aspectos negativos de tu vida. Cosa que, con el tiempo, te ayudará a concentrar tus esfuerzos en cosas positivas. La meditación aclara tu mente y permite que te conviertas en lo mejor de ti. Si necesitas una razón para darle una oportunidad a la meditación, esta introducción debería decirte que la razón principal es ayudarte a que te detengas y "huelas las rosas". Verás el lado bueno de la vida y encontrarás el balance y la armonía perfecta que te ayudará a que seas más feliz. Esto te hará crecer.

Ya sea si escoges algún tipo de meditación que involucre el uso de estímulos, como sonidos, cantos, imágenes focales o la atención plena, la meditación funciona más o menos de la misma manera. Tu mente se aleja de los pensamientos negativos y preocupaciones y se da el gusto de vagar libremente por un tiempo. Yo descubrí que cuando practicaba la meditación budista, este tipo de meditación era particularmente bueno, pues le otorga a tu mente una cierta libertad que es particularmente especial y que te da mucha energía interior, incluso después de horas de haber meditado. De esta forma, alimentas a tu mente con una libertad que no estaba acostumbrada a experimentar. El silencio y la concentración en tu respiración ponen al mundo en perspectiva, haciendo que sea muy difícil sentir enojo después de una sesión de meditación. Sin embargo, conforme vayas aprendiendo con este libro, podrás usar otras formas de meditación. Como salir a dar un paseo si sientes que el enojo está tomando control sobre tus pensamientos. Puede que esta concentración en el movimiento de tu cuerpo te ayude a deshacerte de la energía negativa, así como a expulsar cualquier pensamiento negativo que puedas tener. La meditación es tu oportunidad para reformar tus pensamientos, ponerlos en orden y superar las situaciones negativas. A través de mi práctica de meditación, aprendí a ser una persona mucho más tolerante, que ahora es capaz de escuchar y observar sin prejuicios. El acercamiento mental a la vida es de mucha ayuda para la conexión de cuerpo y mente, y te mantiene en un estado positivo.

Capítulo 2 - La Meditación y el Reconocimiento Espiritual

"Solo hay dos errores que uno puede cometer a través del camino a la verdad; no avanzar todo el camino y no empezarlo."
~ Buda

Quizá te preguntes cómo es que llegas a sentirte más espiritual a través de la meditación, pero la verdad es que están muy bien conectados. Cuando desactivas todos los pensamientos externos empiezas a ver hacia adentro, y es ahí donde descubres que esa espiritualidad ya existe, solo que no la habías notado. Esto también significa que estás comenzando a ver las cosas con más claridad y te encuentras regresando a tus raíces.

Cuando practicas la meditación, te alejas del mundo y te desconectas de toda esa interferencia externa a la que estás acostumbrado. Esto te da el tiempo necesario para acercarte a quien eres como persona, y aunque la gente asocie la espiritualidad con la religión, el sentirte espiritual no necesariamente te llevará por un camino religioso. Cuando empiezas a explorar tu ser interior lo haces con profundidad, y es esta exploración la que hará que aprendas sobre la iluminación. A través de la meditación, eres guiado a la fuente de tu propia conciencia, sacando a la luz el lado espiritual de tus procesos cognitivos.

Hoy en día, estamos muy influenciados por estímulos externos. Miramos nuestro celular e interactuamos con las personas a través de él cada cinco minutos. Competimos por los mejores trabajos. Vivimos en casas con lo último en tecnología y cada día conducimos al trabajo dentro de un gran tráfico de personas que hacen exactamente lo mismo. Llegamos al punto en que el estrés nos supera y nos encontramos en un círculo del que no nos es fácil salir. En estos tiempos, el estrés es un gran enemigo, y a veces necesitamos alejarnos de ese tipo de vida y enfocarnos en las cosas que realmente importan.

Esta es una gran cita del libro "The Soul of Rumi" (El Alma de Rumi):

"Ayer era inteligente, por lo que quería cambiar al mundo. Hoy soy sabio, por lo que me quiero cambiar a mí mismo."

Esto nos quiere decir que el cambio no se realiza de manera externa, sino que tiene que ver con la forma en la que vemos al mundo y cómo reaccionamos ante él. Ahí es donde aparece la espiritualidad. La meditación ayuda a que veamos las cosas con mucha más claridad. Si le echamos un vistazo al concepto original que formó el budismo, veremos que todas las respuestas se volvieron claras para Siddhartha Gautama cuando meditaba, buscando una solución o un camino para que las personas dejaran pasar todo el sufrimiento causado en la vida. No podía creer que la gente sufriera tanto. A través de su meditación, se dio cuenta de algo muy importante. No fue hasta que terminó su práctica que vio que la humanidad era responsable de ese sufrimiento y que, si estuviera establecido que el ser humano es capaz de soportar muchas cosas, sería más fácil seguir adelante. Seguro que no podremos superar el nivel de espiritualidad al que él llegó en su misión, pero esa espiritualidad le hizo ver que siempre existe una solución si sabemos dónde buscar.

Por ejemplo, cuando tenemos una discusión dejamos que la situación nos nuble el juicio. Vemos algunos aspectos de culpa y también vemos defectos. Lo que no vemos es que nosotros también tenemos un rol en lo que está sucediendo. La meditación nos aclara todo esto, y el Nirvana o la iluminación que él alcanzó a través de su meditación es lo que todos los budistas buscan alcanzar hoy en día. Ese entendimiento interno de todas las cosas. El conocimiento es lo que hace que hagamos algo diferente con nuestra existencia, simplemente con cómo nos acercamos a ella.

Una persona espiritual es una persona que ha alcanzado un cierto nivel de iluminación. Aunque es muy poco probable que todos alcancemos el mismo Nirvana, eso no debería impedirnos que lo busquemos. Este gran entendimiento llega de manera muy natural para ciertas personas, cuyos instintos les dicen todo sobre lo que es la espiritualidad. Ven a través del tercer ojo. Incluso son capaces de darle respuesta a sus más intensas preguntas personales a través de la meditación y conociendo el camino correcto. Puede que no creas en el tercer ojo. Puede que ni siquiera entiendas lo que es, pero no tienes que hacerlo.

Conforme vas tomando experiencia en la meditación, te vas acercando a un lugar en el que entiendes instintivamente lo que es el tercer ojo. Tu nivel de análisis y entendimiento propio te diferenciará de los que aún no han encontrado esa creencia espiritual propia. Hay quienes se preguntan que, si siempre estamos enfocados en el interior, ¿cómo podemos tener una idea realista de lo que sucede en el mundo exterior? Bueno, aunque la tecnología y nuestros intereses hayan cambiado a lo largo del tiempo, la verdadera naturaleza del ser humano sigue siendo la misma. Seguimos aferrándonos a la vida, y lo podemos ver en cómo vamos aprendiendo a lo largo de ella. Nos relacionamos amablemente. Sabemos cómo comportarnos con los demás, pero la meditación nos acerca a nuestras raíces, a un lugar en el que somos capaces de formar nuestro carácter. Una vez que tienes eso, dejarás de sufrir por estrés y otras preocupaciones. Ya no dejarás que la negatividad se interponga en tu camino y podrás vivir con ese conocimiento que la meditación te ha dado. Es entonces cuando la espiritualidad comienza y mejora tu vida.

Capítulo 3 - Preparaciones para la Meditación

"Miles de velas pueden encenderse a partir de una sola, y la vida de esa vela no se acortará. La felicidad nunca disminuye por ser compartida."
~ *Buda*

Decidí empezar este capítulo con esta frase, pues Buda nos dice que la energía puede transferirse y mantenerse viva incluso en algo tan pequeño como una vela. Eso es lo que hace la meditación con nuestra existencia. Cuando haces que la meditación forme parte de tu vida, te sientes más vivo porque te permites tener más libertad de la que has tenido a lo largo de tu vida. Imagina que le dicen a tu mente que está bien irse de vacaciones de vez en cuando. En realidad, sí que necesita de este espacio para que el flujo de energía mantenga encendida esa llama.

Prepararte para la meditación es lo que hace que tenga un mejor efecto. Después de todo, hay una cierta distancia entre el mundo donde tus pensamientos deben estar enfocados y el mundo en el que no piensas en nada. Recuerdo haber leído un libro de Elizabeth Gilbert, en el que hablaba de sus viajes después de haberse separado de su marido. Visitó una comunidad en la India y cuando trataba de entrar en una práctica meditativa se dio cuenta de que le resultaba imposible pensar en nada. Inténtalo. Es más difícil de lo que crees. Es por ello que un poco de preparación puede ser de mucha ayuda en este viaje; en vez de lanzarse a la meditación esperando aterrizar de manera correcta. Algunas personas no se preparan y no obtienen los resultados deseados porque no son capaces de relajarse.

Siéntate en un lugar tranquilo, cierra tus ojos para bloquear cualquier estímulo que pueda interrumpir tu proceso de pensamiento y trata de no pensar en nada. Mide el tiempo que tardes en lograrlo, y lo más seguro es que no tardarás mucho en desesperarte y empezar a pensar en otras cosas. Esto pasa por una muy sencilla razón. Hay muchos compartimentos dentro de tu mente. En ellos hay emociones, pensamientos sobre el trabajo, sobre tu hogar, recuerdos y expectativas. Cuando todos estos compartimentos están demasiado llenos y empiezan a mezclarse, es cuando sufrimos de estrés. Es algo que no se puede evitar. Es como meter a la lavadora la ropa roja con la blanca. Los colores se combinarán.

Desde que aprendemos a caminar, nos enseñan a ser cautelosos. Nos dicen cómo debemos comportarnos. Más bien, la sociedad nos dice cómo debemos hacerlo. Hasta cierto punto, toda tu vida está moldeada por una sociedad que forma parte de tu mundo. Tenemos opiniones sobre lo que es estar delgado o pasado de peso. Tenemos opiniones sobre lo que está bien y lo que está mal, y en algún punto del camino, le das un cierto orden a tu forma de pensar. Nos enseñan a luchar por el éxito y a verlo como un lujo. Cuando, en realidad, esta es la percepción que nos lleva a tener baja autoestima si no cumplimos con las expectativas de la sociedad. Es por ello que los procesos de pensamiento son tan complejos y dispersos. En el ámbito académico nos enseñan a pensar de cierta forma y a usar el cálculo y la conclusión lógica para aprender de los eventos del pasado. Entonces, es muy difícil para nosotros, como raza, bloquear ese sistema automático de almacenamiento y razonamiento de la información.

Quienes meditan aprenden a poner todo de regreso en su lugar, por lo que les es más fácil pensar de manera clara. Son capaces de concentrarse mejor y de entender cada uno de los compartimentos y su importancia. También pueden deshacerse de algunos de ellos cuando es necesario, de manera que lo que se quede dentro sea completamente manejable. Esto los hace capaces de lidiar con el estrés mucho mejor, pues han aprendido a cerrar esas cajas para solo abrirlas cuando sea necesario encargarse de lo que hay dentro.

Todos tenemos buenos motivos para llorar. Todos tenemos motivos para sentirnos infelices en nuestras vidas, pero las personas que meditan son capaces de darle sentido a sus sentimientos para no dejarse envolver por ellos. Esto se debe al haber ampliado tu mente y haberle dado mayor libertad. Y es ahí cuando realmente se empieza a aprender. Cuando desprogramas tu mente y le permites hacer su trabajo sin la interrupción de todas esas nociones preconcebidas.

Ahora, intentemos algo diferente. Cierra tus ojos. Esta vez, en vez de no pensar en nada, vamos a darte algo en lo que concentrarás toda tu atención. Concéntrate en tu respiración. La respiración es algo esencial para vivir. ¿Recuerdas que a la gente que entra en pánico, se les da una bolsa de papel para que respiren en ella? Esto tiene una explicación muy lógica. Cuando estás estresado sobrecompensas tu respiración, haciendo que te hiperventiles, que le llegue demasiado oxígeno a tu sistema nervioso y que entres aún más en pánico. Cuando aprendes a respirar correctamente el pánico no existe, pues tú tienes el control. Así es como tienes que respirar cuando meditas. Entonces, en vez de no pensar en nada, durante este tiempo tu mente se concentrará en tu respiración.

Siéntate con la espalda recta. Esto es muy importante. No tiene que ser en una de esas posiciones que se ven increíblemente incómodas. Siéntate en una silla que sea cómoda, pero que también permita que tu espalda esté recta. Mantén tu cabeza ligeramente elevada, ya que esto ayuda a abrir tus vías respiratorias y que tu respiración se vuelva más sencilla. Trata de visualizar a cada una de tus respiraciones como energía. Parecida a la energía que usamos cuando encendemos la flama de la estufa. Puedes ver esa energía, por lo tanto, puedes visualizarla como una flama de color azul. Tan solo visualiza ese aire en forma de energía sólida, del color de tu preferencia. De este modo, tienes algo tangible en que pensar.

Inhala por la nariz y concéntrate en esa respiración. Siente como el aire entra a tus pulmones. Cuenta hasta tres y exhala por la nariz, desde la parte superior de tu abdomen, expulsando todo el aire. Sigue practicando este proceso por un tiempo y trata de concentrarte solamente en tu respiración. El ser humano necesita tener algo en qué concentrarse, por lo que la meditación ofrece muchas opciones. Ese algo tiene que ser banal o que no involucre todos esos compartimentos de emociones, siendo la respiración una muy buena opción.

En el siguiente capítulo les mencionaré varios tipos de meditación, y cada uno de ellos utiliza algo banal que te ayuda a mantener tu mente ocupada, en vez de estar pensando demasiado. Cuando mantienes tu mente ocupada, no eres capaz de llenarla con pensamientos de estrés. De hecho, cuando empiezas a meditar, si algún pensamiento de estrés logra entrar a tu mente por no estar completamente concentrado en tu meditación tendrás que volver a empezar, pues mientras más práctica tengas en poner un solo pensamiento en tu mente, mejor.

Asegúrate de que cuando medites estés en una posición en la que no puedas ser interrumpido y usa ropa cómoda. No hay nada peor que tratar de meditar con una pretina que te aprieta demasiado o zapatos que te lastiman. Este tipo de cosas hacen que inmediatamente te distraigas del proceso de meditación, y necesitas tener el menor número de distracciones posibles. Recuerda que tu cuerpo debe hidratarse regularmente. Pero no solamente con tazas de té o café por estar hechos a base de agua. Me refiero a tomar agua natural, que te ayuda a mantenerte hidratado y es igual de importante en tu proceso de meditación.

Los siguientes capítulos te mostrarán diferentes tipos de meditación. Evidentemente, hay otros libros mucho más enfocados en este aspecto, pero ya que este libro está dirigido a principiantes, lo más lógico sería empezar con una meditación especial para principiantes. Empezar por el principio. Eso siempre es lo mejor. De ahí, puedes avanzar a otros métodos, pero estos son los mejores puntos de partida para cualquier persona.

Las clases de meditación pueden darte la disciplina necesaria para continuar, pero si estás lo suficientemente motivado, la práctica diaria te ayudará a reforzar tu habilidad para meditar. Los siguientes capítulos describen muy bien a la meditación en sí, de manera que tengas muy claro la manera en que funciona y lo que necesitas para alcanzar la postura correcta, el proceso de pensamiento correcto y el proceso de meditación correcto.

La meditación ofrece muchos beneficios, los cuales serán mencionados a lo largo del libro para ayudarte en el camino. Cuando sientas que tu salud está mejorando y que tus capacidades mentales se están puliendo no tendrás más dudas sobre los beneficios de la meditación. Simplemente lo sabrás. Aclararás tu mente y verás la vida de una forma mucho más positiva.

De hecho, en este libro también encontrarás algunos ejercicios de respiración que podrás usar junto con tu meditación para llenarte de energía. Ten en cuenta que el libro contiene mucha información sobre los ajustes que debes de hacer en tu estilo de vida y que, aunque puedan parecerte irrelevantes, son parte integral para que tu meditación rinda efectos. Encontrarás todo tipo de ejercicios que te ayudarán a escoger el tipo de meditación que se ajuste mejor a tu temperamento y estilo de vida.

El ejercicio de relajación es uno de los que podría ayudarte antes de que empieces con la meditación, ya que ayuda a despejar tu mente. Tal y como lo menciona Elizabeth Gilbert en su libro "Comer, Rezar, Amar", esto es lo que impide a muchos avanzar, pues aún no han enfrentado este proceso de relajación. Estamos tan acostumbrados a estar pensando hacia futuro, que esto de despejar la mente y enfocarnos en algo más puede resultar muy difícil al principio.

Sin embargo, muy pronto serás capaz de hacerlo con total facilidad, considerando que estás dispuesto a dedicarle tiempo a tu práctica y a hacer que la meditación forme parte de tu rutina diaria, tanto como levantarte, lavarte los dientes, comer, trabajar y relajarte frente al televisor. Tienes que darle su lugar a la meditación, y para ello, tienes que estar comprometido. No puedes solo meditar de la misma forma en la que decides tomar una cuerda y saltar un rato. Necesitas darle ese descanso a tu mente, y si te estableces horarios, verás que se volverá mucho más sencillo. El tener un lugar que sea especial para tu práctica de meditación es de mucha ayuda, pues inmediatamente asociarás a ese lugar con tu meditación. Este lugar debe de ser tu espacio dedicado a desenvolver los misterios de la vida y obtener un mayor entendimiento.

Capítulo 4 - Los Beneficios de la Meditación

"La meditación hace que todo el sistema nervioso entre en un campo de coherencia."
~ Deepak Chopra

La práctica regular de la meditación tiene incontables beneficios, de los cuales hablaremos en este capítulo para que sepas por qué se recomienda que medites todos los días. La constancia en tu meditación es tan importante como la de tu alimentación, y aquí te explicaré todo lo bueno que te traerá.

Uno de los beneficios inmediatos en tu salud es que la meditación tranquiliza tu corazón, reduciendo tu presión sanguínea. Si sufres de estrés, la meditación te traerá muchos beneficios, pues con ella puedes estabilizar las emociones y apaciguar tus miedos. En verdad que es muy efectiva para poner en balance todo tu estrés. De hecho, ya hay algunos médicos que prescriben la meditación consciente en sus recetas como una alternativa a los medicamentos antidepresivos, pues se han dado cuenta de que los beneficios a largo plazo son mucho más efectivos que el uso tradicional de medicamentos.

Con toda seguridad, tu nivel de concentración tendrá una gran mejoría si meditas regularmente, lo cual puede ser extremadamente útil para personas en un ámbito laboral o académico. Esto se debe a que recargas y reinicias tu cerebro, en vez de agregarle problemas cuando ya está confundido y tratando de darle sentido a esos problemas. El poder de concentración de la meditación viene de la práctica constante, pues se requiere de una cierta disciplina, que va de la mano con la concentración.

Hay un estudio en el que se puso a varios estudiantes a que practicaran la meditación. En él se comprobó que, sin lugar a dudas, el sistema inmune se encuentra más tranquilo durante la meditación constante. Estas son buenas noticias para tu cuerpo, pues significa que te está protegiendo de una manera mucho más eficiente. También se mostraron reducciones en los niveles de angustia.

Otros estudios muestran que después de ocho semanas de meditación, quienes la practicaban eran menos propensos a contraer enfermedades crónicas como la fibrosis, y que hay una conexión entre la actividad del lóbulo frontal del cerebro y los impulsos que nos hacen sentir bien u optimistas. La actitud mental que tenemos ante estas cosas tiene mucho que ver en cómo se desarrollará la enfermedad a largo plazo. De esta forma, se comprobó que con la meditación existe un mayor control sobre estas condiciones.

Los chakras o centros de energía del cuerpo comienzan a alinearse. Lo que significa que la energía puede recorrer tu cuerpo con gran facilidad. Es posible que no creas en los chakras, pero si le das un vistazo a una medicina alternativa que ya está reconocida, verás que los puntos de energía también son conocidos como meridianos. Quienes practican la acupuntura tratan de hacer lo mismo, pero con una metodología distinta. En este caso, se utilizan agujas, pero la meditación te enseña sobre la importancia de la postura, y que si la mejoras, automáticamente ayudarás a que la energía recorra todo tu cuerpo.

Personalmente, algo que descubrí con mi meditación es que me llenaba de energía, por lo que comencé a ejercitarme más. Esto me ayudó a bajar de peso, pero también a mantenerme activo. Después de cuatro semanas comencé a preocuparme más por mi salud. Eso incluía asegurarme de tener una postura correcta y ejercitarme regularmente, lo que me ayudó a superar ciertas discapacidades que habían afectado mi movilidad.

Empecé a tomarme muy en serio mis responsabilidades con mi cuerpo. La meditación hizo que empezara a tomar agua y a alimentarme sanamente de manera natural. Dejé de consumir alimentos procesados y descubrí que mi cuerpo me lo agradecía.

Tu cuerpo empieza a cambiar, a veces sin que te des cuenta, y esto incluye evocar a aquellos genes que se encargan de la sanación. Todos tenemos estos genes. <u>La Escuela de Medicina de Harvard</u> llegó a la conclusión de que la meditación nos ayuda a liberar ese efecto de sanación que existe en nuestro cuerpo, y que la relajación que nos ofrece es de gran ayuda en este aspecto. Harvard no dejó de darnos buenas noticias, asegurando que la gente que medita regularmente es menos propensa a padecer enfermedades auto inmunes o que conducen a la parálisis, como la artritis.

Evidentemente, eso es algo muy bueno. No hay palabras suficientes para explicar lo sano que te sientes cuando te acostumbras a meditar de manera constante. Si tienes problemas de movilidad, podrías combinar la práctica de la meditación con la práctica del yoga, bajo supervisión. Esto te resultará muy beneficioso.

Hay un libro muy interesante que se llama "La Salud Emocional" que contiene conversaciones entre el Dalai Lama y varios profesionales para tratar de establecer el vínculo entre la forma en la que la mente percibe las cosas y la salud. Si aún no estas convencido del poder de la meditación, podría ser buena idea que consiguieras este libro de Daniel Goleman, pues corrobora lo que he dicho, que el vínculo entre tu salud y la forma en que funciona tu mente es algo irrefutable.

Los profesionales se lo están tomando tan en serio, que están empezando a ver que los medicamentos y tratamientos tradicionales no son la única solución. El libro anteriormente mencionado incluye una prueba que se le realizaba a personas al presentar diferentes emociones, la cual mostró que ciertas partes del cerebro se activan con distintas emociones, dependiendo de si son negativas o positivas. Esto fue algo que se le preguntó al Dalai Lama, quien estableció en términos simples, que las emociones positivas son buenas para la salud y que las negativas la perjudican. Lo que sucedía con la persona es que una parte de su cerebro se activaba al tener pensamientos negativos, lo que se relaciona con la ansiedad. Sin embargo, cuando hay pensamientos positivos, es menos probable que la negatividad llegue a otras partes del cuerpo. Las personas que meditan de manera constante activan la parte positiva del cerebro.

Tendrías que leer todo el libro antes de poder tomar una postura ante lo que trato de decirte, pero en pocas palabras, quienes meditan se sienten mejor, pues su disciplina mental no les permite que la negatividad tome el control. Médicos, psicólogos y maestros de meditación se han unido al Dalai Lama en el Instituto Mente y Vida, y el libro sugerido anteriormente es uno de los resultados.

Observar las diferencias en el estilo de vida de las personas que son felices y las que no, es una muy buena idea. En el próximo capítulo haremos énfasis en el tipo de cosas que necesitas tener en tu vida si quieres sacarle el máximo provecho a tu práctica de meditación y relacionarlo con tu salud. Si estás buscando una solución para el estrés, este es el mejor lugar para empezar. Por ejemplo, si meditas, pero te niegas a cuidar de las necesidades de tu cuerpo, la meditación no será tan benéfica como para alguien que está consciente de lo que su cuerpo necesita y se encarga a ello de manera responsable.

Capítulo 5 - Salud y Bienestar

"Mantener el cuerpo en buena salud es un deber, de lo contrario no seremos capaces de mantener nuestra mente fuerte y clara."

~ Buda

Todos los seres humanos tenemos una responsabilidad con nuestro cuerpo y nuestra mente. Con la meditación nos ocupamos de la mente, pero esto no servirá de mucho si hacemos caso omiso de las necesidades de nuestro cuerpo, haciendo que se pierda esa armonía que hay entre ellos. Una vez que estás consciente de la conexión entre ambos y practicas la meditación en la medida de lo posible, esas ganas de cuidar de ti mismo vendrán automáticamente. Probablemente te preguntes cómo funciona esto para la gente de escasos recursos, que no tiene las posibilidades para cuidar de sí como alguien con mayores posibilidades económicas. En realidad, ser pobre o rico no tiene nada que ver. Está claro que mientras más dinero tengas tendrás acceso a una mejor variedad de alimentos, pero eso no lo es todo. Si viajaras al Tíbet y vieras a las personas que integran a la meditación como parte de sus vidas, verías que la mayoría de ellos son gente pobre en lo material, pero extremadamente ricos en su entendimiento del balance.

Alimento

Tu cuerpo necesita vitaminas y minerales para sobrellevar tus actividades diarias. Por lo que comer frutas y verduras es algo esencial. Es posible que pienses que los budistas no comen carne, pero la verdad es que sí lo hacen, siempre y cuando esa carne cumpla con ciertos aspectos. Por ejemplo, ellos no matan o mandan matar para poder comer, pero según su filosofía budista, incluir carne en su dieta es aceptable. Los niños en crecimiento necesitan la proteína de la carne por su valor nutricional. Incluso el actual Dalai Lama se vio obligado a abandonar su vida vegetariana e incluir la carne en su dieta por recomendación de su doctor.

Tus alimentos deben ser variados. Comer alimentos que están preparados de una manera muy poco saludable, es uno de los mayores errores de la civilización de occidente. Ingerimos demasiado almidón, azúcar y alimentos precocinados que están llenos de químicos. Si puedes balancear tu dieta, incluyendo alimentos frescos y siempre con moderación, será difícil que tengas problemas alimenticios. Menos es más, pero sí debes asegurarte de comer las cantidades necesarias para el volumen de tu cuerpo.

La meditación será de gran ayuda para tu sistema digestivo, sobre todo si practicas la atención plena, pues en lugar de comer demasiado rápido te darás tu tiempo para masticar. Dejarás de apresurar tus comidas y te asegurarás de comer solo lo necesario para saciar tu apetito. También notarás las necesidades de tu cuerpo. Comer manzanas, por ejemplo, puede reducir los niveles de colesterol. Los alimentos sin gluten ayudan con los problemas de la tiroides. Pero este libro no se trata de salud en general. Se trata de cómo la meditación tendrá un efecto en todo tu organismo, y en este capítulo nos enfocaremos en el estilo de vida. Solo tú sabes lo que es bueno para tu cuerpo, pero en general, debes de evitar estimulantes como el té o el café y tratar de comer alimentos que te hagan sentir bien.

El ayuno ocasional, cuando estás dejando que tu cuerpo se desintoxique, también puede ser de gran ayuda en tu meditación. Puedes acompañar al ayuno con un poco de té verde o té de ortiga para tratar de expulsar todas las toxinas que la misma vida pudo haberte traído. Hacer esto durante un periodo de 24 horas puede ser una buena solución; siempre y cuando tu doctor esté de acuerdo, pues podría ser perjudicial para personas con diabetes.

Tomar agua es algo esencial que debemos de hacer durante todo el día para mantener al cuerpo hidratado. Con el tiempo, esto mejorará tu movilidad, ya que los músculos tendrán el líquido suficiente para mantenerse flexibles.

Tabaco y alcohol

Fumar daña tu cuerpo. No hay duda sobre ello, pero

además bloquea tus canales de energía. Lo más sabio es intentar dejar de fumar. Si necesitas reemplazarlo con algo, los arándanos, las semillas de girasol o cualquier snack nutritivo son una muy buena opción.

Con respecto al alcohol, una o dos copas de vino al día no hacen daño, pero tomarlo en exceso hace que tu mente se distorsione conforme a su manera de ver las cosas, lo cual no es bueno si quieres meditar de manera efectiva. Si abusas del alcohol regularmente, tienes menos control sobre tu mente y la disciplina de la meditación se vuelve más difícil.

Ejercicio

El cuerpo necesita ejercitarse, pues un cuerpo estresado es más propenso a tener problemas. Si puedes salir a caminar como parte de tu rutina notarás los beneficios. Hoy en día utilizamos el carro para todo, olvidándonos de algo tan esencial como el ejercicio, y un estilo de vida sedentario no te ayudará a que uses la meditación para conectarte con tu espiritualidad. Así que, incluso si solo te es posible caminar despacio, asegúrate de salir a tomar algo de aire fresco para ejercitarte cada día. Puede que solo sea una vuelta a la cuadra, incluso eso te servirá. O si puedes practicar cualquier deporte, también será de ayuda.

El Sueño

No tengo palabras suficientes para explicar la importancia del sueño. Si tienes mucho estrés y no duermes lo suficiente, seguramente utilizas la misma excusa de todos. Decir que eres más productivo si no duermes mucho, cuando en realidad, doctores han comprobado que eso no tiene sentido. Durante el sueño pasas por diferentes etapas, y es necesario pasar por ellas para la salud de tu mente y de tu cuerpo. Mientras duermes, tu cuerpo libera hormonas que te ayudan a sanar y la mente necesita el sueño MOR (movimientos oculares rápidos) por las mismas razones. Si no le das a tu mente tiempo para que sane, no podrá trabajar al máximo nivel. Es tan simple como eso.

Si estás acostumbrado a dormir poco, es posible que necesites cambiar tu estilo de vida, de manera que tu cama se vuelva un lugar de relajación. Evita ver la televisión antes de dormir. Apaga tu celular. Apaga tu ordenador y deja que tu mente empiece a relajarse. Tal vez el ejercicio de relajación mencionado en este libro te ayude a retomar el sueño que necesitas, pues es algo vital.

Si no duermes lo suficiente, no podrás aprovechar al máximo tu meditación. Estos son algunos otros aspectos que podrían estar afectando tu sueño:

- **Tomar té o café por las noches.**
- **Cenar muy tarde.**
- **Tratar de resolver los problemas por la noche.**

De hecho, cuando duermes lo suficiente, te das cuenta de que resolver esos problemas se vuelve más fácil y natural, pues tu mente está en mejores condiciones para procesar la información. Así que, deja de decirte que no necesitas dormir. Todos lo necesitamos, y ese sueño te ayudará a llevar una vida más feliz y sana.

Capítulo 6 - ¿Cuándo solemos evitar la Meditación?

"Nos moldean nuestros pensamientos. Aquellos con mentes libres de pensamientos egoístas producen alegría cuando hablan o actúan. La felicidad los sigue como una sombra."
~ Buda

Esta cita nos hace pensar en que, realmente, somos lo que pensamos. De esta forma, si piensas de manera negativa, solo atraerás cosas negativas. Pareciera que las personas con problemas de autoestima vivieran en un mundo lleno de negatividad, dirigida hacia ellos mismos. Quienes tienen problemas con su ego suelen tener pensamientos negativos hacia quienes no cumplen con sus expectativas. Quienes están siempre enojados solo se llenan de pensamientos negativos. De hecho, hay demasiados pensamientos negativos que se pueden interponer con nuestra meditación. Estos son algunos:

- *Enojo*
- *Envidia*
- *Odio*

Si tienes alguna de estas emociones, descubrirás que te resulta más difícil meditar, pues el marco en el que se encuentra tu mente no permite que el positivismo fluya dentro de ti. Es posible que puedas evitarlos por un momento, pero si son muy profundos o si tienes amistades que solo te traen malas emociones, no tardarás en pasar a esos pensamientos negativos que no te permitirán seguir con tu meditación, en vez de enfocarte en lo que deberías. Necesitas tener una mente clara para practicar tu meditación. Te llevará un tiempo lograr esto, pero si aprendes a observar sin prejuicios podrás enfrentarte a la vida de una manera distinta y, por consiguiente, los pensamientos negativos dejarán de formar parte de tus procesos de pensamiento.

Yo nunca me pondría a meditar después de haber tenido una discusión, pues los procesos de pensamiento dentro de tu mente superarán el deseo de concentrarte en tu respiración. De igual forma, si tienes sentimientos negativos sobre ti mismo, no dispondrás de toda la energía que deberías para disfrutar tu meditación. Entonces, debes de elegir un momento de paz para practicar tu meditación. No uno que esté influenciado por aspectos externos que detienen el flujo de energía que debería de resultar de tu meditación.

Momentos del día

No es muy recomendable meditar con el estómago lleno, por lo que no es muy buena idea hacerlo inmediatamente después de comer. Ese es momento para la digestión. Puede que sientas gases o que descubras que tu cuerpo no se siente tan cómodo como lo está después de la digestión o de haberte ejercitado un poco.

Las mañanas suelen ser un muy buen momento para meditar y muchas personas eligen hacerlo al amanecer, pues es un momento inspirador. El momento en el que el sol empieza a elevarse en el cielo, es un momento de esperanza, de espiritualidad y muy inspirador para que practiques tu meditación. Sin embargo, este no será tu mejor momento si no te gusta despertarte temprano. Cuando medites de manera constante, te darás cuenta de que puedes cambiar tu perspectiva, empezando a apreciar las mañanas, pues tu entusiasmo por la vida puede hacer que te despiertes temprano, ¡intencionalmente!

El atardecer también es un buen momento, pero asegúrate de que ya haya pasado tu proceso de digestión o de hacerlo antes de cenar para evitar problemas digestivos. Toma mucha agua para ayudarle a tu digestión y para desechar impurezas.

Las bebidas en general

Tomar demasiada cafeína no es bueno. Te pone mucho más nervioso y tenso, pero eso no es todo. Tomarla en exceso incluso podría hacerte regurgitar, provocando una reacción llamada hernia de hiato. Esto no dejará que te relajes como podrías, si no hubieras abusado en su consumo. Si vas a tomar café por la tarde antes de tu meditación, que sea descafeinado.

Lo mejor es tomar cualquier bebida que te ayude a eliminar las toxinas, como el té de ortiga o el té verde, que son lo mejor que puedes usar cuando meditas, ya que también te ayudan a abrir los puntos de energía en tu cuerpo y a deshacerte de todas las toxinas que puedan bloquear ese flujo de energía entre un chakra y otro.

Reconoce tus puntos de quiebre

Si de verdad quieres meditar para que tu vida se vuelva más gratificante y satisfactoria, es recomendable que lo hagas cuando tu mente esté clara. Si sufres de depresión, pero aún así quieres meditar, deberías de hacerlo en compañía de otras personas que puedan ayudarte a superar esa depresión. Si tratas de hacerlo solo, podría ser que solamente termines profundizando tu depresión. En estos casos, yo recomendaría la práctica de la atención plena antes de empezar a meditar, ya que esto te ayudará a deshacerte de esos sentimientos de depresión y reemplazarlos con algo mucho más fructífero, como la esperanza. Si este es tu caso, entonces realiza esta práctica cada día como se explica en el capítulo que habla de la atención plena, antes de que intentes profundizar en cualquier tipo de meditación.

Te sorprenderías al saber que hay personas que usan su depresión para mantenerse en un estado mental al que ya están acostumbrados. Es como un círculo vicioso. Están acostumbrados a la depresión y le tienen un poco de miedo a la alegría, pues creen que si llegan a tener un poco de ella el destino se las quitará. Claro que si nuestro estado mental es normal no pensamos de esta manera, pero las personas negativas se alimentan de su depresión y se aferran a ella por la costumbre. En casos como este, en los que hayas sufrido de depresión por mucho tiempo, intenta probar con la meditación de caminatas, que te permite liberar tu energía mientras meditas. También podrías probar los ejercicios que mencionamos en la sección de la atención plena, antes de intentar con otros ejercicios de meditación que podrían tener efectos negativos.

Ejercicio y meditación

Nunca intentes meditar inmediatamente después del ejercicio, a menos que esté relacionado con el yoga o alguna práctica de esta índole. No solo estarías llegando a tu sesión de meditación con un exceso de energía, sino que ese exceso no te permitirá tranquilizarte lo suficiente como para aprovechar tu práctica.

La negatividad y la meditación

Si te estás forzando para meditar, lo más seguro es que no obtengas nada bueno de esta experiencia. Nunca debes de forzarte a hacer algo que no te resulte natural o con lo que no te sientas bien. Si tienes que alejarte, no hay nada de malo en ello. Debes de entender que no es un deporte. No hay resultados buenos o malos. Si te propones metas que no son razonables, no tendrás éxito, pues la meditación solo se trata de alcanzar la paz y el entendimiento interior. Si tratas de agrandar esto, te estarás predisponiendo al fracaso.

Capítulo 7 - Un poco de Ayuda para Empezar a Meditar

"Es esencial dedicar media hora al día a la meditación, salvo cuando uno está muy ocupado; Entonces hace falta una hora entera."
~ San Francisco de Sales

Cada quien elige con qué quiere acompañar su meditación. Pero he decidido mencionar algunas opciones aquí, pues creo que podrían ser muy útiles. Yo, por ejemplo, utilizo un cojín especial para meditar que me ayuda a mantener mi espalda recta y hace que me sienta más cómodo.

El Zafu – Este es un cojín muy útil para los principiantes. No solo te ayuda a que tengas una buena postura para meditar, sino que también le da soporte a tu cuerpo. Si no estás convencido de gastar tu dinero en algo como esto, puedes usar cualquier cojín firme, pero de preferencia que tenga la forma circular de un Zafu, pues esto le da suficiente espacio a tus piernas y te brinda comodidad. Si no estás acostumbrado a sentarte con las piernas cruzadas, con esto elevas el coxis y te resultará más fácil doblar las rodillas y cruzar los tobillos. Esta es la postura normal para principiantes. Conforme vayas adquiriendo fuerza y flexibilidad podrás intentar el loto completo. Si no te resulta lo suficientemente sencillo, no lo intentes.

Podrías lastimarte. Utilizar un Zafu significa que tienes una postura correcta. Tu espalda está recta y con la fuerza suficiente para mantenerte en esa posición durante toda tu práctica de meditación.

Mala – Esto es una sarta de cuentas esféricas que se utiliza durante el proceso de meditación. Seguro te preguntarás para qué se utilizan las cuentas. En realidad, no a todos le gusta tener que contar mientras meditan y sienten que el movimiento de las cuentas por los dedos alarga su proceso de meditación. Es como si estuviéramos midiendo algo, y podemos calcular su longitud pasando nuestros dedos por las cuentas, desde un extremo al otro, contando el tiempo. Una vez que sabes cuánto tiempo te toma podrás estar al pendiente de la duración de tus sesiones de meditación, sin tener que recurrir a medios externos. También puedes utilizar estas cuentas para relajarte cuando sientas algo de estrés. Simplemente pásalas por tus manos.

Si quieres hacer un altar o consagrar un cierto espacio para tu meditación y para enfocarte mejor en lo que haces, puedes incorporar velas, una manta Vajra y una estatuilla de Buda. Esto no es necesario, pero puede que te sea de ayuda, pues son objetos que te recuerdan tu responsabilidad con la meditación constante. También hay personas que utilizan varillas de incienso y música de relajación previo a su meditación. Es algo muy personal.

Lo que sí necesitas hacer, es usar ropa cómoda que no esté muy apretada. Te darás cuenta de que la vestimenta cómoda también forma parte de los recursos que acompañan a la meditación, pues te ayuda a que te enfoques en ella, en lugar de usar ropa que detenga el flujo de tus pensamientos.

Un tazón cantador – Yo mismo utilizo uno de estos para mis cantos durante la meditación. Es un tazón muy sencillo y pequeño, y cuando utilizas el mazo de madera, el tazón canta un tono maravilloso que utilizo para ajustar mi propio canto al tono adecuado. Esto puede ser de gran inspiración. Incluso si no lo usas para meditar puede ser una gran adición a tu espacio de meditación, pues puedes introducir sus sonidos en un momento de calma y sentir esa emoción espiritual a través de ti. Es como una especie de conexión entre el arte de la meditación y tú, y te ayuda a tranquilizarte y entrar en sintonía previo a tu meditación. El tazón cantador suele venir con un cojín que protege el metal, de manera que el único sonido que produzca sea el canto que se debe de escuchar. También evita que el tazón produzca un sonido metálico al chocar con otras cosas, interfiriendo con tu relajación.

Es cierto que los mojes budistas son capaces de meditar sin utilizar nada de esto, pero recuerda que la mayor parte del tiempo se encuentran en un ambiente lo suficientemente inspirador, que se vuelve su altar y sus acompañamientos. En nuestras casas no solemos tener este tipo de ambiente y estímulo, por lo que es de mucha ayuda crear esa atmósfera de calma en el espacio en el que practicas tu meditación. Yo también utilizo pantuflas de tela, pues son cómodas, fáciles de usar y vivo en un lugar frío. Sin embargo, si tienes el beneficio de vivir en un lugar cálido, estar descalzo es lo mejor. Desde otra perspectiva, también es una buena idea tomar clases con algún maestro que te ayude a empezar con tu camino. Esto te dará la disciplina de asistir a clases y comenzarás a practicar entre ellas para poder aprovecharlas al máximo y hacer que tu maestro se sienta orgulloso con tu postura perfecta, la mejora en tu método de respiración y tu habilidad para concentrarte y meditar. Es por ello que muchas de las personas que practican la meditación van a retiros, para aprender sobre sus diferentes matices con expertos.

No es obligatorio que te busques algún instrumento que te ayude a empezar a meditar, pero definitivamente te muestran el compromiso que estás dispuesto a tomar, haciendo que te lo tomes con más seriedad para alcanzar tu objetivo. Por ejemplo, si tienes un espacio dedicado a la meditación, lleno de cosas que te inspiran, es más probable que lo consideres una parte importante de tu día a día. Algunos incluso tienen altares como un estímulo para su práctica meditativa.

Capítulo 8 - Meditación de Yoga para Principiantes con instrucciones completas

"El ayer no es mas que el recuerdo de hoy, y el mañana es el sueño de hoy."
~ KhalilGibran

Meditación de Yoga

Este método es bastante recomendado, ya que en todas partes hay clases de yoga. El yoga está adquiriendo cada vez más popularidad, pues las personas lo practican para mantenerse en forma y para encontrar ese balance entre cuerpo y mente del que todos hablan. Si sientes que te estancaste o que no estás haciendo las cosas correctamente, con el yoga cuando menos puedes unirte a una clase con personas que también quieren aprender esta técnica y mantenerse en forma al mismo tiempo, pues el yoga te ayuda a sentirte mejor en ambos aspectos.

Para este tipo de meditación, siéntate sobre un cojín pequeño en el piso y cruza tus piernas doblando las rodillas. De momento, no es necesario que acomodes tus pies en posturas más complejas. La Flor de Loto es una postura para estudiantes muy avanzados con mucha más flexibilidad. Lo más importante es que estés cómodo y que tu espalda esté recta. Levanta un poco el mentón para abrir tus vías respiratorias. Tal y como lo hicimos en el ejercicio del capítulo que hablaba sobre la respiración, debes enfocarte en ella, pero esta vez, cuando termines de exhalar cuenta hasta 10. Cuando llegues al 10, cuenta de manera regresiva hasta el 1. Esto no se trata de confundirnos con los números. Solo se trata de contar.

Cuando estés listo, cierra tus ojos, inhala y siente como el aire entra a tus pulmones mientras cuentas hasta 7, luego sostén tu respiración hasta que llegues al 9 y exhala por la nariz hasta llegar al 10. Te preguntarás cómo es que exhalamos más aire del que inhalamos, pero este balance te ayuda a calmarte y sentir tu respiración viniendo desde el área del abdomen. Es posible que toda tu vida te hayas estado hiperventilando, y esto te ayudará a recuperar el balance.

Exhala contando hasta 1. Repite el proceso, pero esta vez, exhala contando hasta 2, y así sucesivamente hasta que exhales durante 10 segundos. Si en algún momento de la meditación tu mente se ve invadida por pensamientos externos, vuelve a empezar. Tu concentración debe estar enfocada solo en tu respiración.

Debes de empezar a practicar esto con una buena actitud, cuando te sientas listo. Es decir, elige un momento en el que no tengas que estarte preocupando por el teléfono o por lo que sucede a tu alrededor. Trata de que cada sesión se igual.

- Usa ropa cómoda - Que no sea muy apretada.
- Siéntate correctamente, bien plantado, con la espalda recta y el mentón ligeramente elevado para abrir las vías respiratorias.
- Cuando te sientas cómodo, junta los dedos de en medio con tus pulgares y coloca tus manos sobre tus rodillas mirando hacia arriba. Esto hace que estés bien arraigado al suelo y te mantiene en la posición correcta durante tu meditación.
- Empieza a inhalar y exhalar de manera consciente para tranquilizar tu pulso. Concéntrate solo en tu respiración.
- Ahora, empieza a inhalar y exhalar con los ojos cerrados, enfocándote en tu respiración.
- No pienses en nada más - Concéntrate en esa energía que entra y sale de tu cuerpo. Visualízala en forma de energía sólida.
- Siente como el aire entra a tu cuerpo y llega a tus pulmones.
- Siéntelo dentro de tu cuerpo, porque cuando sostienes la respiración por un momento, permites que circule y haga su trabajo.
- Siente como sale de tu cuerpo y siempre procura exhalar unos segundos más de lo que te tomó inhalar.
- Mientras exhalas, cuenta hasta uno. Repite todo el proceso y así sucesivamente hasta llegar al 10. Luego cuenta de manera regresiva hasta el 1. Se utiliza este sistema tan sencillo para que no tengas que prestarle demasiada atención.

Conforme vayas avanzando y mejorando tu capacidad de concentrarte en tu respiración, podrías empezar a utilizar la sarta de cuentas en lugar de contar. De igual forma, tienes que avanzar con las cuentas, llegar al final y regresar.

Si empiezas a pensar en algo más, a parte de tu respiración, tienes que volver a empezar. Si te sientes muy alterado o estresado, no es el mejor momento para meditar. Tienes que hacer que el mundo se detenga, asegúrate de que tu teléfono esté apagado y que el espacio en el que te encuentres tenga una temperatura agradable. Si tu mente empieza a divagar, no estarás los suficientemente relajado. En ese caso, valdría la pena que pruebes con el ejercicio de relajación que te mostraré a continuación, antes de que vuelvas a intentar meditar.

Relajación - Previo a la meditación

Asegúrate de estar en un lugar con una temperatura agradable y de contar con una cama que le dé un buen soporte a tu cuerpo. Acuéstate de espaldas y utiliza una almohada para abrir tus vías respiratorias. Coloca una mano sobre la parte superior de tu abdomen. Velo como un entrenamiento para respirar y relajarte, ya que ambos son elementos muy importantes en la meditación. Ponemos la mano en esta posición para que puedas sentir como se eleva la parte superior de tu abdomen con tu respiración.

Ahora, concéntrate en los dedos de tus pies. Apriétalos y asegúrate de sentir esa tensión. Luego relájalos y

siente como se van volviendo más y más pesados. Toda tu atención debe de estar enfocada en tu cuerpo, o específicamente en la parte del cuerpo con la que estés trabajando. Sin pensar en influencias externas. Por lo que, si hay algún ruido que pueda desconcentrarte, trata de apagarlo antes de empezar con el ejercicio.
Ahora, repite el proceso subiendo por todas las partes de tu cuerpo. Aplica tensión, siéntela, suéltala y siente el peso de tu cuerpo relajado, parte por parte. Te recomiendo seguir el siguiente orden:

Dedos de los pies, plantas de los pies, talones, tobillos, pantorrillas, rodillas, muslos, cintura, pecho, hombros, dedos de las manos, nudillos, muñecas, antebrazos, brazos, cuello y al final todas las partes de tu rostro. Todo esto es con el fin de que te relajes por completo. Si eres nuevo con esto de la meditación y te distraes muy fácilmente, estos ejercicios previos a tu meditación te ayudarán a estar más relajado y a que seas menos propenso a perderte en esos pensamientos que afectan tu sentido de bienestar y relajación. Esto significa que estarás en las mejores condiciones para meditar.

Más ideas de relajación que te ayudarán con la meditación

Si tienes música relajante, no hay razón para que no te recuestes en un cuarto oscuro y te sumerjas en ella. Hay discos especiales, enfocados en la relajación que cumplen muy bien con ese propósito. Es normal que estando en un mundo con tantas presiones, nos resulte muy difícil dejar ese ambiente complejo en el que tu mente está sobrecargada y desconectarnos en un instante. Acostumbrarse a esa transición toma algo de tiempo. Si de verdad quieres aprovechar al máximo tu meditación y beneficiarte de ella, debes de estar relajado para tener un mayor incentivo y una mejor capacidad para concentrarte en tu meditación sin que nada se interponga.

Conforme vayas adquiriendo experiencia, te darás cuenta de que no es preciso que utilices estos estímulos para concentrarte y que, en realidad, podrías incluso meditar en un lugar público, pues tendrás la habilidad de concentrarte en tu interior y de bloquear todos los estímulos a tu alrededor. Sin embargo, como principiante, necesitas esa ayuda extra que hará que te relajes antes de empezar.

Ejercicios enfocados en la postura para personas que tienen problemas de movilidad

Existe una sesión en particular que es muy útil para tu práctica de meditación, en caso de que tengas este tipo de problemas. Si nuestros chakras están bloqueados no seremos capaces de concentrarnos en nuestra meditación. En términos simples, esto significa que no hay un flujo libre de energía entre los diferentes puntos que hay en nuestro cuerpo. Esto podría ser causado por artritis, fibrosis, entre otras enfermedades. Sin embargo, no creas que esto te impedirá aprender a meditar. Los ejercicios que mencionaré a continuación te ayudarán a mejorar tu postura y a liberar el chakra ubicado en la base de la espina dorsal, el chakra ubicado a la altura de los hombros y el chakra ubicado a la altura del cuello; estas son áreas con tendencia a presentar incomodidad, dolores y dificultad de movimiento.

Este ejercicio también podría serle muy útil a personas que sufren de mucho estrés, ayudando a que alivien esa tensión acumulada en el área del cuello y permitiendo que la energía fluya mucho mejor a través de estos chakras o puntos de energía.

Acuéstate de espaldas. Para este ejercicio, enfocaremos nuestra atención en otro tipo de respiración. La respiración te ayudará a corregir la postura de tu columna, y a pesar de que no podrás notar los beneficios de manera inmediata, si lo practicas antes de cada sesión de meditación notarás una mejoría en tu movilidad y tu postura. La postura es algo muy importante en todos los tipos de meditación y te ayuda a que se vuelva mucho más efectiva.

Inhala por la nariz y siente como el aire llega a la parte superior de tu abdomen. Coloca tu mano sobre tu pecho y presiona un poco, al mismo tiempo que exhalas por la boca. Si esto te resulta doloroso, aplica un poco menos de presión. No se trata de lastimarte, sino de alinear tu columna. Los osteópatas o quiroprácticos suelen utilizar este método para recordarle a tu columna su postura original. Tú puedes realizarlo por tu cuenta, siempre y cuando te detengas si te llega a doler. No debes sentir dolor alguno. Solo se trata de hacer que tu columna se alinee correctamente. Una de las razones por las que puede resultarte incómodo, es porque seguramente a lo largo de tu vida has realizado movimientos que han terminado por desalinear tu columna. Claro, tu cuerpo todavía funciona, pero con este ejercicio tus músculos comenzarán a moverse y obligarás a tu columna a tomar su postura correcta. Esto es muy bueno para las personas que sienten muy tensos los músculos detrás del cuello y en el área de los hombros.

Debes de repetir este ejercicio todos los días por aproximadamente 20 minutos. Podrías incluso hacerlo por las mañanas antes de levantarte. Para llegar a un nivel más avanzado, repite el mismo proceso de presionar tu pecho mientras exhalas por la boca, como si estuvieras soplando, pero alzando las rodillas. De igual forma, reduce la fuerza en la presión si empiezas a sentir dolor. No presiones de más a tu cuerpo. Continúa con este ejercicio hasta que te sientas más relajado y listo para moverte. Esto es de gran ayuda para tu meditación, pues relaja tus músculos y libera el estrés de tu cuerpo que afecta tu postura.

La postura es el elemento más importante en la meditación budista, incluso si decides meditar sentado en una silla. En ese caso, asegúrate de que el respaldo de la silla le dé un buen soporte a tu cuerpo, y de preferencia, que no tenga un cojín incluido para que forme un ángulo completamente perpendicular entre la base y el respaldo. Esto no evitará que puedas alcanzar el mismo nivel de iluminación que quienes practican en la postura tradicional.

La meditación de yoga es una de las más populares; es por ello que es la primera que menciono. Seguro que podrás encontrar a alguien que de clases que combinen el yoga con la meditación. Si sientes que no puedes hacerlo por tu cuenta, estas clases podrían darte el estímulo necesario para practicar tu meditación de manera constante. Te encontrarás con personas que tienen las mismas dificultades que tú, de manera que podrán apoyarse entre ustedes. Otro punto a favor es que contarás con un maestro profesional que estará ahí para ayudarte con tu postura y tu meditación.

La combinación del yoga con la meditación siempre será algo beneficioso. El yoga te ayuda a tonificar tu cuerpo y mejora tu movilidad. También ayuda a que tus chakras se mantengan libres, de manera que la energía pueda recorrer todo tu cuerpo. Eso hace al yoga un gran complemento.

Existen muchísimos grupos y retiros para la práctica del yoga y es muy posible que te topes con maestros que te ayudarán con el proceso de calmar tu mente para este tipo de meditación. Recuerda, no lo pienses demasiado. El objetivo de estos ejercicios, como contar tus respiraciones o respirar de manera correcta, es que te ayuden a indagar en tu mente, dejando de pensar demasiado las cosas.

Si sientes que este es el tipo de meditación adecuado para ti, repasa las instrucciones una y otra vez hasta que te las sepas de memoria. Asegúrate de estar sentado correctamente, y si sientes cualquier dolor durante tu meditación por haber estado sentado en la misma posición durante mucho tiempo, lo mejor que puedes hacer es observar ese dolor, haciéndote consciente de él, pero no cambies de posición solo por tener un poco de incomodidad. Continúa con tu meditación y el dolor desparecerá, pues mientras más practiques más disciplina tendrás.

Si te resulta muy complicado sentarte sobre un cojín o un tapete de yoga, aún puedes meditar. Solo recuerda nunca hacerlo en una de esas sillas que son muy cómodas para otras ocasiones, pero que hacen que tu espalda se encorve. Todos esos elementos que son importantes en los diferentes tipos de yoga son igual de importantes en la meditación de yoga.

<u>La postura es el más importante y siempre debe de respetarse.</u>

Capítulo 9 - Meditación con Mantras, con instrucciones para su realización

"La meditación es la lengua del alma y el lenguaje de nuestro espíritu."
~ Jeremy Taylor

Este tipo de meditación funciona muy bien con muchos principiantes, pues el canto te aleja de otros pensamientos. A algunas personas les resulta un tanto vergonzoso usar un canto, por lo que prefieren utilizar otro tipo de meditación. Sin embargo, si tu mente suele divagar mucho, usar un canto podría ayudarte mucho. Si lo intentas, verás cómo funciona. Canta alguna nota en voz alta y verás que empezarás a concentrarte en ella, en vez de pensar en cualquier otra cosa. Es un principio muy sencillo. Se trata de darle algo a tu mente en lo que se pueda concentrar, para que le resulte más sencillo eso de no pensar en nada durante el proceso de la meditación.

Este tipo de meditación se realiza estando en la misma posición que mencionamos anteriormente; sentado con las rodillas dobladas y los pies cruzados. Esto respalda la idea de tener una postura perfecta, pues es la única manera de abrir los puntos de energía en el cuerpo; tal y como se explicó previamente. También debes de utilizar ropa cómoda, que no te cause distracción alguna. Si esta posición te resulta muy complicada, puedes utilizar una silla, siempre y cuando te asegures de que sea firme y te dé un buen soporte. Mantén tus pies firmes sobre el piso y coloca tus manos sobre tus piernas. La palma de la mano con la que tengas más fuerza debe de estar mirando hacia arriba y la otra debe de colocarse encima de ella.

Si practicas este tipo de meditación con algún maestro, lo más seguro es que utilicen un canto personalizado, pero en este caso te recomendamos utilizar el inconfundible sonido del "Om", pues ayuda a que tus labios se acomoden perfectamente para producir el sonido del canto de manera correcta. Si tienes un tazón cantador puedes utilizarlo para establecer el tono de tu canto. Inténtalo. Canta la palabra "Om" y mantén tu canto tanto como tu exhalación te lo permita. Luego, inhala.

El hecho de que el canto sea con una palabra que no tiene significado alguno tiene su razón de ser. Si usáramos una palabra con significado, nuestra mente empezaría a divagar con respecto a el, escapando del silencio que la meditación debería de darle al cerebro. Si algún gurú te otorga algún mantra personal, este se basará en la fecha, la hora de tu nacimiento y otros aspectos personales.

El propósito es cerrar todas esas cajas llenas de pensamientos que tenemos en el cerebro durante la meditación, y el canto que utilices puede ser tan simple como el "Om" que te hemos recomendado. Antes empezar, practiquemos el canto. El canto debe de venir de tu abdomen y subir hasta llegar a tus labios. Debe durar tanto como tu respiración te lo permita, manteniendo los labios ligeramente separados. Inténtalo. Si lo haces correctamente, sentirás un pequeño cosquilleo en tus labios. Si no es así, separa un poco más tus labios hasta que lo sientas. La nota debe durar tanto como tu exhalación te lo permita. Repite el proceso en el resto de tus exhalaciones. Estas son las instrucciones:

Utiliza ropa cómoda, que no te restringa en ningún sentido.

Lo mejor es estar descalzo, para que tus pies tengan más flexibilidad.

Colócate en tu posición de meditación, ya sea sentado sobre un cojín o en una silla.

Junta las palmas de tus manos, de manera que tus pulgares se toquen. Tu mano con más fuerza suele ir debajo para darle un buen soporte a la otra. No tienes que apretar tus manos, solo se trata de que una descanse sobre la otra, mientras que ambas descansan sobre tus piernas.

Si decides utilizar una silla, pues te resulta más cómodo, asegúrate de que sea firme y de que le dé un buen soporte a tu espalda sin que esta se incline hacia atrás.

Asegúrate de que tu espalda esté recta, sin encorvarse.

Puedes practicar este tipo de meditación con los ojos cerrados o abiertos, pero a los principiantes les resulta mejor hacerlo con los ojos cerrados para evitar distracciones. Además de que te ayuda a entender el concepto principal de la meditación; mirar hacia adentro. Dejamos de buscar distracciones externas. Dejamos de buscar cualquier estímulo. Empezamos a buscar dentro de nosotros junto con esa concentración en el canto.

Ahora sí, prepárate para la meditación

En este tipo de meditación es muy común mencionar alguna afirmación antes de comenzar. Esto no es obligatorio, pero es una forma de recordarnos la seriedad que le damos a la meditación y nos ayuda a preparar la mente para la sesión. En caso de que vayas a utilizar un tazón cantador para establecer el tono de tu mantra, es necesario que lo tengas a la mano para que no tengas que estirarte demasiado y que no te tome mucho tiempo volver a colocar tus manos en la posición adecuada. Esa afirmación que te dices a ti mismo al principio de tu meditación se llama "resolución", y puede ser algo tan sencillo como: "Haré esto con el fin de liberar a mi mente y abrirme al entendimiento." Esto sería suficiente, pero puedes crear tu propia resolución; una que sea más personal.

Tu respiración es muy importante durante el transcurso de tu meditación, pero esta vez no nos enfocaremos en ella. Nos enfocaremos en el mantra. Inhala por la nariz y siente esa respiración dentro de tu cuerpo. Luego, canta tu mantra al mismo tiempo que exhalas. Siente el cosquilleo en tus labios y concéntrate en el canto del mantra, luego en la respiración y otra vez en el mantra.

Empezarás a tomar un cierto ritmo, y de eso se trata la meditación en la mayoría de las ocasiones. El flujo de energía - el ritmo - la respiración - la postura.

Alternativas para este tipo de meditación

A algunos les funciona mejor hacer este tipo de meditación con los ojos abiertos, enfocándose en un punto fijo. Los mandalas y diseños espirituales suelen ser muy útiles para esto. Incluso podrías tener una estatuilla de Buda para inspirarte. Intenta hacerlo con los ojos abiertos, pero si decides tener un punto fijo, no alejes tu vista de ello para que te mantengas enfocado. Una vez que te hayas decidido por algún objeto en específico, asegúrate de que se encuentre a una altura adecuada para que no tengas que esforzarte en verla. Por ejemplo, si vas a colgar un mandala, este debe de estar a la misma altura de tus ojos para que no tengas que mirar hacia arriba. Sin embargo, si tienes problemas para mantener tu cabeza ligeramente elevada durante la respiración, entonces podrías colocarlo un poco más elevado como ayuda.

Expansión y reducción

Con este tipo de meditación, como en muchos otros, notarás que con la inhalación a través de tu nariz tu abdomen se expande para luego reducirse conforme a tu respiración. Esto es normal. Debes cantar junto con tu exhalación y notarás que esto involucra un cierto movimiento en tu abdomen, el cual forma parte de tu ciclo de respiración. Esta expansión y reducción te ayudan a mantener el ritmo de tu canto y a mantenerte enfocado, lo cual es muy importante en la meditación.

Si prestas atención a estos movimientos, verás que en realidad no te estás enfocando en tu cuerpo físico, sino que más bien, te enfocas en el movimiento o el ritmo de tu cuerpo que acompaña al canto de tu mantra. Cuando los mantras se cantan en grupo se genera una cierta fuerza en la energía, haciendo que las personas tengan una cierta percepción espiritual, dejándose envolver por ese mantra y todos los movimientos corporales que conlleva. Esto es de mucha ayuda en el proceso de meditación, pues te atrae a ella en vez de luchar contra ella.

La mejor manera de practicar esto es cantando solamente durante la exhalación. Para que no haya confusiones. Respira de la misma forma en la que lo hiciste durante la meditación de yoga, de manera consciente con la inhalación, manteniéndola por un momento y exhalando, solo que esta vez cantarás un "om" que dure toda esa exhalación. Este es el ritmo al que debes de prestarle atención. El canto hace que a tu mente le resulte muy difícil empezar a divagar. El canto se apodera de tu concentración, así que si te resulta complicado desconectar todos los problemas de tu mente, esta es la mejor forma para que practiques tu meditación. Hay a quienes les parece un poco absurdo esto de meditar con mantras. En este caso, practicarlo en privado podría ser una buena opción. Una vez que pasas ese sentimiento inicial de rareza deja de parecer vergonzoso y, al contrario, te acostumbras a esa ayuda que le proporciona a tu desarrollo personal.

Ambos métodos pueden practicarse por 15 minutos en un principio. Una vez que seas capaz de meditar sin que se interponga ningún pensamiento en tu mente, podrías aumentar el tiempo de esta práctica. Media hora para un nivel intermedio y 45 minutos cuando domines la práctica. Pero no te precipites. Es necesario que esta práctica se haga a la perfección, y 15 minutos de perfección es mucho mejor que media hora de una meditación en la que te sigas perdonando la interrupción por pensamientos externos.

¿Por qué es importante ponernos un límite?

Ponernos un límite evita que entremos en un estado de aburrimiento con respecto a nuestra práctica, además de que si nos establecemos una meta que sea factible podremos aprovechar mejor el alcance de nuestros logros en lugar de estarnos forzando a meditar por más tiempo del necesario. En vez de preocuparte por si estás meditando correctamente, dedícate solamente a cantar y a meditar por aproximadamente media hora, en un principio. Ya podrás aumentar este tiempo de manera que se ajuste a tu habilidad para permanecer en un estado de meditación.

Consejos que te ayudarán con tu meditación con mantras

Hay ciertas cosas que puedes hacer en tu día a día para mejorar tus técnicas de meditación. Por ejemplo, si estás escuchando música, de verdad escucha. Trata de entender la letra y pon atención a los ritmos. Hay una razón para ello. Esto hará que dejes de pensar en otras cosas, reduciendo tu nivel de estrés y enseñándote los beneficios de desconectarte de cualquier pensamiento negativo que puedas tener. Eso siempre será beneficioso.

Otras de las cosas que puedes hacer son los ejercicios mentales que te permiten concentrarte y que te mantienen interesado. Por ejemplo, los crucigramas o los rompecabezas te preparan para la meditación, pues hacen que te enfoques en una sola cosa.

Trata de no pensar en nada más mientras realizas estas actividades. Deja que ese rompecabezas se vuelva tu centro de atención. Necesitas moldear a tu mente para que piense de la misma forma en la que lo hace durante la meditación. No es suficiente decirte que no pienses en nada más mientras meditas, pero si desarrollas esta habilidad en otras áreas de tu vida, verás que te resultará mucho más natural al momento de meditar.

Identifica el objetivo principal de la meditación

Nunca te olvides del objetivo principal. Desconectar tu mente y darle la libertad para explorar su conexión con el cuerpo. Esto te ayuda a recuperar el balance dentro de ti y a que te acerques más a la espiritualidad.

Si tienes esto muy claro, podrás reconocer el segundo objetivo: identificar esa parte que debes desechar e ignorar. Si escuchas ruidos externos o tu cuerpo está incómodo por haberte sentado incorrectamente mientras meditas, esos son los objetivos secundarios que debes dejar de lado para seguir con el objetivo principal.

El nivel de concentración que aprendes durante la meditación es tan importante como los beneficios que trae el reducir tu presión arterial, permitiéndole a tu cuerpo que siga con la vida, por más estresante que sea. Si tienes dificultades con este tipo de meditación, trata con los ejercicios de relajación previos a la meditación que mencionamos en el capítulo anterior. Esto podría hacer que llegues al estado mental necesario para meditar.

Capítulo 10 - Meditación mientras caminamos

"Del mismo modo en que tesoros se descubren de la tierra, la virtud se aparece de las buenas acciones y la sabiduría aparece de una mente pura y pacífica. Para caminar con seguridad a través del laberinto de la vida humana, uno necesita la luz de la sabiduría y la guía de la virtud."
~ Buda

Particularmente, esto aplica a todos aquellos que tienen un exceso de energía mental. Esto podría interponerse en otros métodos de meditación o puede que te den ganas de meditar en pleno transcurso del día sin contar con el espacio ideal. Mientras estás sentado, ¿mueves tus pies? ¿Juegas con tus manos? En caso de que sí lo hagas, este tipo de meditación te vendrá mucho mejor. Elige un ambiente pacífico y relajante y ponte de pie con los pies ligeramente separados. Mira hacia abajo para no tener muchas distracciones. Para este tipo de meditación no puedes cerrar los ojos, pues tienes que ver el movimiento de tus pies. Tus brazos los puedes mantener a los lados o puedes unirlos por detrás de tu espalda, pero una vez que hayas decidido su posición, no la cambies.

Puedes utilizar procesos de meditación para acostumbrarte a la posición de tu cuerpo antes de empezar a caminar. Esto hará que dejes de pensar en otras cosas y que encuentres el ritmo del que hablábamos en la meditación con mantras. Por ejemplo, observa como se mueven tus articulaciones al dar un paso. Identifica cada una de las articulaciones de tu cuerpo y su funcionamiento. Se trata de que te olvides de las banalidades del día y te concentres en los movimientos de tu cuerpo.

Inhala por la nariz y empieza a caminar, mantén la respiración y exhala desde la parte superior del abdomen, concentrándote solamente en tu respiración y en el movimiento y el ritmo de tu cuerpo. No dejes que otros pensamientos lleguen a tu mente. Conforme vas caminando en círculos, o en línea recta, sigue concentrándote en tu respiración y en los movimientos de tu cuerpo, pues esto te ayudará a sacar cualquier otro pensamiento de tu mente.

Es posible que te lleguen muchos pensamientos durante este tipo de meditación, pero serán muy notorios. Estos pensamientos no estarán sobrepensando los problemas o meditando sobre las cosas que te fatigan. Simplemente están siguiendo el patrón de los movimientos de tu cuerpo. Siente esa presión en tu tobillo al mover tu pie. Siente el movimiento en tu rodilla. Deja de prestarle atención a las cosas externas, pues este tipo de meditación no se trata de eso. Estás tranquilizando tu mente y concentrándote en el movimiento de tus piernas mientras caminas.

¿Por qué es tan importante esto?

Los niveles de tu concentración son muy importantes para darle a tu subconsciente la oportunidad de participar y ayudarte a resolver tus problemas, cosa que no puede hacer si está lleno de preocupaciones. En la vida diaria, no le damos la oportunidad de echarle un vistazo a nuestros problemas. De hecho, es por ello que el subconsciente trabaja muy bien cuando dormimos. Durante el sueño MOR, tu subconsciente tiene la libertad para bailar, solucionar tus problemas y encontrar soluciones. Puedo demostrarlo con una actividad diaria que te mostrará lo que sucede cuando te relajas. Supongamos que perdiste unas llaves o un documento muy importante. Mientras más te preocupas por ello, más estrés acumulas buscando en los mismos sitios una y otra vez. Cuando eres capaz de liberarte de esos pensamientos y preocupaciones, pareciera que la respuesta aparece de la nada. Así de útil puede llegar a ser nuestro subconsciente si no lo saturamos.

Otra situación que podría sonarte familiar es cuando no puedes recordar el nombre de algo. Te rompes la cabeza tratando de recordar, pero parece imposible. Y luego, cuando ya no estás pensando en ello, te llega la respuesta. Eso es dejar al subconsciente que busque las respuestas a su propio tiempo, sin que tu ansiedad intervenga.

De esta forma, al enfocarte en el movimiento de tus piernas o en tu respiración, lo que estás haciendo es liberar a tu mente de ese tormento y esa confusión. Sabe en qué debe de enfocar los pensamientos y solamente se concentra en eso. De esta forma, liberarás a tu subconsciente y podrás ver las cosas con mucha más claridad. Estas son las situaciones en las que ayuda este tipo de meditación:

- Justo antes de presentar algún examen.
- Justo antes de hablar en público.
- Cuando no conoces la respuesta a un problema familiar.
- Si cualquier cosa te provoca un exceso de ansiedad.

Lo que hace es quitar toda la negatividad para que el positivismo que obtengas te permita resolver cualquier problema que se te presente.

Ejercicio para meditar mientras caminas

Para este ejercicio, asegúrate de que usar ropa que no te apriete demasiado. Si lo haces dentro de la comodidad de tu hogar, puedes hacerlo descalzo. Antes de empezar a meditar, realiza algunos ejercicios de respiración al aire libre. Puede ser en el jardín o simplemente abriendo una ventana. Párate cerca de la ventana con tus pies abiertos al ancho de tus hombros y asegúrate de que estén bien arraigados al suelo. Coloca tus manos a los lados o únelas por detrás de la espalda.

Inhala por la nariz, mantén la respiración por un momento y luego expulsa el aire por la boca. Mientras lo haces, presta atención al movimiento de tu cuerpo. Repite este proceso varias veces, hasta que logres respirar correctamente y estés lo suficientemente relajado como para meditar. Recuerda que la meditación es para estés calmado el resto del día y para tener un mejor entendimiento. Empezar la sesión con una resolución refuerza el propósito de tu meditación. Ahora, empieza a caminar en círculos. No tiene que ser un círculo muy amplio, pero es mejor que lo hagas en un espacio en el que no hayan obstáculos que puedan distraerte.

Recuerda observar el movimiento de tus pies, de tus piernas y concentrarte en esto. Ignora todo lo que esté a tu alrededor. Esto se trata de concentrarse y mantenerse en sintonía con tus movimientos. Puedes tomar pasos moderados, el punto es que no hagas movimientos muy bruscos. Debes de llevar un ritmo que sea relajante. No pienses en nada mas que en tus movimientos.

Mientras continúas caminando, presta atención a tus tobillos, los músculos de tus piernas, el movimiento de tu cuerpo y la fuerza que te dan tus pies. Para que tengas el mejor soporte posible, tus pies deben de estar planos sobre el suelo mientras caminas. Ese arraigamiento de tus pies al tocar el suelo, debe de servir de ancla al dar cada paso, los cuales deben de ser a un ritmo moderado.

Esto es solo una práctica, pero la meditación tiene una postura un poco más formal al respecto. Una postura en la que te estableces un tiempo para meditar y utilizas la caminata para concentrarte solamente en tus movimientos. Esta es una muy buena manera de meditar antes de una reunión o durante el trabajo, para que prepares a tu mente para atacar cualquier problema que se interponga en tu camino. Pensar demasiado en los problemas no hará que sea más fácil encontrar una solución. Identifica el problema y deja que tu subconsciente encuentre una solución mientras meditas. No solemos darle mucho crédito a nuestro subconsciente, cuando este tiene la capacidad de poner en orden nuestros problemas mientras mantenemos nuestra mente ocupada. Además, el subconsciente no hace el desastre que nosotros hacemos.

El ritmo y el movimiento del cuerpo es repetitivo en este tipo de meditación. Este ritmo es a lo que le prestamos atención y lo que utilizamos como guía. La respiración, en sincronía con tus movimientos, te ayudará a encontrar ese ritmo muy fácilmente. Visualiza todo con un ritmo, después de todo, eso es un movimiento. Aprecia ese movimiento y sus repeticiones. Es como cuando te refrescas con un ventilador. Lo que usamos es el ritmo de ese ventilador. En este caso, estás tratando de alcanzar un estado meditativo y es por ello que los ritmos son tu guía hacia la meditación sin que te distraigas. Los movimientos tienen un orden o una secuencia. Debes de prestarle atención a cada uno de ellos.

- La respiración.
- El movimiento de los pies.
- El flujo de los músculos de las piernas.
- El movimiento de los tobillos.
- La respiración.

Estamos repitiendo un ciclo, pero esa es la intención. Tus pensamientos se limitan a esos movimientos, nada más. Probablemente te sorprendas al descubrir que puedes resolver problemas, que tus sentidos son más agudos y que tienes una mejor capacidad para encontrarle una solución a los problemas de cada día. Seguro que has notado a algún empresario dando vueltas en su oficina. A pesar de que no están meditando, el movimiento les ayuda a aclarar sus pensamientos. Esto es lo que hace la meditación, y de una forma mucho más efectiva.

Si resulta que este es tu tipo de meditación preferido, no tardarás en darte cuenta de que automáticamente utilizarás la meditación para que te ayude durante el día, pues las sesiones no necesariamente tienen un tiempo de duración establecido. Verás que volver a tus raíces y meditar en diferentes momentos del día te llenará de energía. También te ayudará a concentrarte en tareas difíciles, en vez de solo llenarte de preocupaciones por pensar demasiado las cosas.

Capítulo 11 - La Meditación de la Atención Plena y su proceso

Muchos me preguntan cómo se puede meditar y estar consciente al mismo tiempo. El propósito es aclarar la mente. En realidad, los problemas para meditar vienen de un problema de concentración. Como hemos visto, la meditación tradicional viene de la concentración en la respiración. En la meditación mientras caminamos, esto viene de la concentración en el movimiento y el flujo del cuerpo. La respuesta a esa pregunta es que la meditación consciente significa que toda nuestra energía está puesta en un momento en específico. La teoría de la atención plena es que el mañana aún no llega y es posible que nunca llegue. El ayer ya sucedió, por lo que el estado mental que debes tener para este tipo de meditación es justamente lo que su mismo nombre dice. La atención plena del momento presente. De esta forma, verás que tienes algo tangible en qué pensar, no en los problemas o la búsqueda de soluciones.

Este proceso es muy similar a la meditación de yoga, en la que nos concentrábamos en la respiración. La diferencia es que no necesitas estar en una postura en específico, como el loto. Este tipo de meditación puedes practicarlo en cualquier lugar. Ya sea sentado en un avión o esperando a un amigo en una estación. De igual forma, puedes detenerte en cualquier momento del día y simplemente sentarte en una banca. Solo inhala en el momento y exhala, después de haber mantenido la respiración por un momento. Al principio, lo mejor es hacerlo con los ojos cerrados para evitar cualquier distracción y para que utilices tus sentidos para darte cuenta de las cosas que forman parte del momento, como el calor, el ambiente, el clima y sus aromas. Sin embargo, con la práctica podrás hacerlo en cualquier momento e incluso con los ojos abiertos. Se requiere de práctica. Cuando se empieza a intentar hacerlo con los ojos abiertos se suele permitir que los pensamientos empiecen a divagar, pero eso no debe de ser. Recuerda que la base de todo estado de meditación es la concentración y estar completamente presente en el momento.

La atención plena también significa percibir las cosas. Esto te ayuda a estar consciente de cada momento de tu vida y de todo lo que conforma ese momento en el que te encuentras. Por ejemplo, ¿notaste las gotas de rocío en las telarañas esta mañana? ¿Percibiste el olor de las flores en el parque? ¿Viste risas en la mirada de un niño? ¿Te permitiste sentir felicidad por lo que siente tu cuerpo en ese preciso momento? ¿Qué hay de la comida? ¿Te detuviste a masticarla y saborear todas las diferentes texturas? La atención plena se usa en todo momento, para ver el vaso medio lleno y no medio vacío. Así es como verás las cosas si aprovechas al máximo cada momento y le das un valor, en lugar de estar pensando en el pasado, que ya se fue; o en el futuro, que aún no llega.

Consideremos probar la práctica de la atención plena. Para alguien nuevo en eso de la meditación, puede que esto sea lo más fácil. Al igual que lo haces con otros tipos de meditación, prepárate. Eso significa elegir un lugar en el que te quieras sentar y recordarte lo que quieres lograr con una resolución. Lo que buscamos con la meditación es la iluminación, y esta puede tomar muchas formas. Repítete lo siguiente: "Estoy listo para este desafío y para estar presente en este momento de mi vida."

Por ser principiante en este tipo de meditación, te recomiendo que elijas un lugar tranquilo para sentarte y que cuente con aire fresco. Siéntate y asegúrate de que tu espalda esté recta. Si vas a usar una silla, que sea firme, pues toda meditación depende de que los centros de energía conduzcan esa energía. Si estás encorvado la estarás bloqueando. Tienes que prestarle atención a tu postura. Como siempre, usa ropa cómoda que no esté muy apretada. Siéntate con las plantas del pie sobre el suelo para arraigarte bien a este.

Junta tus manos sobre tus piernas. La palma de tu mano con más fuerza debe mirar hacia arriba, y la otra va sobre esta. Junta tus pulgares. Esto evita que estés jugando con tus manos, para que estés bien enfocado. Las personas nerviosas o ansiosas suelen usar sus manos y piernas, moviéndolas para deshacerse de todos estos excesos de energía. Con los pies plantados en el suelo y las manos colocadas de esta manera, no estarás tentado a moverlos.

Empieza a respirar tranquilamente, inhalando por la nariz, manteniendo la respiración por un momento y exhalando, ya sea por la boca o por la nariz. Para esta primera sesión, cierra los ojos para evitar aspectos externos que te hagan pensar demasiado. Ahora, concéntrate en todo lo que estás sintiendo en este momento. Disfruta del calor o escucha la lluvia caer. Trata de utilizar todos tus sentidos para percatarte de todo en lo que este momento consiste. Por ejemplo, captura los aromas que te rodean. Trata de capturar todos los sonidos que escuchas a tu alrededor. El canto de un pájaro, en particular, es algo muy bueno. Por eso recomiendo practicar esta meditación afuera, en el jardín. Hay tantas cosas de las que no solemos darnos cuenta y que pueden estimular nuestros sentidos. De eso se trata la atención plena. Se trata de capturar lo que está sucediendo, aquí y ahora.

Mantente en esta posición, y si empiezas a pensar en cosas del pasado o en lo que tienes que hacer después, detente. Tienes que concentrarte en lo que está sucediendo en el momento presente, sin prejuicios. Tú decides cuánto tiempo dedicarle a esta meditación. Mientras más practiques, empezarás a mejorar, pero tampoco se trata de quedarte mirando algo fijamente sin ningún sentido. Por eso decía que es mejor cerrar los ojos. Intenta hacerlo una hora al día, antes de querer avanzar de nivel a un punto en el que de verdad pondrás a prueba tus sentidos.

La prueba con comida - La atención plena se lleva el dolor del pasado y evita que pienses en el dolor del mañana o en las preocupaciones que puedas tener sobre algo que sucederá. Sería muy bueno que pudieras conseguirte un compañero para la prueba con comida, pero también puedes hacerlo tú solo. Solo que no será tan divertido. Tu compañero debe sentarte frente a ti y tú debes de cerrar los ojos. Frente a ustedes deben haber distintos platillos con diferentes sabores y texturas. Si harás esto con un amigo, asegúrate de que él conozca cualquier alergia o sensibilidad con la comida que puedas tener. Lo último que queremos es que este ejercicio te cause problemas.

Tu amigo te dará algo para que lo comas. Tu tendrás que mantenerlo en tu boca, saborearlo, sentir su textura y enfocarte en masticar lo suficiente. Entonces podrás decir qué fue lo que comiste. Con esto, pondrás a prueba tus papilas gustativas, concentrándote en los sabores y las texturas. Ahora tú dale algo de comer a tu amigo. Si lo estás haciendo por tu cuenta, coloca varios recipientes con comida distinta frente a ti. Pueden ser alimentos muy variados, como lechuga, arándanos, tostones, tomates, rábanos, queso, etc. El punto es que sean lo suficientemente variados como para que se vuelva un reto el descubrir los sabores y los alimentos. La manera en la que masticas al practicar la atención plena te ayuda a digerir los alimentos adecuadamente, algo muy bueno para tu sistema digestivo.

Practica el mismo ejercicio en cada comida. En lugar de tragarla sin saborearla, sé consciente del momento y concéntrate en los sabores, aromas y texturas. Seguro te preguntarás por qué hacemos este tipo de ejercicios, pero lo cierto es que estas son el tipo de cosas que solemos dar por hecho. Forman parte de la vida de todos, pero no les prestamos demasiada atención. Debes de percibir el momento presente, pues si solo pensamos en el ayer o en el mañana en realidad no estamos viviendo. Solo pasamos el tiempo, pero la vida se vuelve mucho mejor cuando aprendemos a valorar cada momento.

Conozcamos un poco más sobre la atención plena

Desde mi punto de vista, es importante que sepas de dónde viene la atención plena, para que no tengas la impresión de que es solo algo que está de moda. Es algo mucho más complejo. Literalmente, hay miles de estudios que han tratado de buscar si hay algo detrás de la idea de estar consciente y si es algo propio del ser humano. Jon Kabat-Zinn llegó a la conclusión de que la atención plena puede describirse como prestar atención y estar consciente. También decía que esto debe de ser sin prejuicio alguno. Lo que pone a la filosofía al mismo novel que el budismo, pues esa observación sin prejuicios permite a los budistas vivir tranquila y pacíficamente.

Se trata de tener el control de todo el parloteo que la

mente puede generar. Si te dejaste llevar por ello, sin pensar nunca en la meditación o alguna actividad de este tipo, tu mente hablará consigo misma. A todos nos pasa. Las personas que sufren de estrés hablan consigo mismos sobre los problemas, pero solo logran hacerlos más grandes al estar dando vueltas y vueltas sobre la misma cuestión. El involucramiento de los pensamientos negativos es otro elemento destructivo. Al contrario de lo que se busca, nos llenan de prejuicios y de culpa, ya sea hacia nosotros mismos o hacia los demás. La atención plena reemplaza ese parloteo con algo mucho más positivo que viene de los estímulos externos, sin prejuicio alguno. Notamos las cosas. Las utilizamos para que reemplacen a todos los pensamientos negativos. De esta manera estamos liberando por completo a la mente de la negatividad. Es tan efectivo, que incluso el servicio médico del Reino Unido ha empezado a adoptar esta práctica, en lugar de recetar medicamentos en muchos de los casos de depresión.

¿Hacia quién está dirigida la atención plena?

Eso es lo maravilloso de esta práctica. Todos pueden probarla. Si tienes hijos con problemas de depresión, puedes ayudarlos a ver las cosas de manera distinta, de la misma forma en la que lo harías con un adulto. Solo se debe de cambiar el medio en el que se presenta la atención plena para que sea comprensible para un niño. Puede ser practicada por personas con un alto o bajo coeficiente intelectual, convirtiéndose en una manera universal de ayudar a las personas a lidiar con la ansiedad y aceptar el momento presente.

La Práctica de la Atención Plena

Hay muchas formas de aplicar esto en tu vida que incluso ayudarán con tu práctica de meditación, pues si te acostumbras a pensar de manera consciente, meditar te resultará mas fácil y natural. Debes incluir a la atención plena hasta en lo más básico. Desde que te levantas por la mañana, presta atención a todo lo que sucede en tu vida. Con la atención plena, pude ayudar a un grupo de personas que se preocupaban todo el tiempo a que transformaran su manera de pensar.

Al despertar, en lugar de pensar en lo que tienes que hacer durante el día, simplemente presta atención al momento. Despierta y siente la comodidad de tus sábanas. Mira hacia la ventana, observa los rayos del sol entrando a través de ella y disfruta los sentimientos que esto provoque en ti. Lo mismo sucede si está lloviendo. También hay mucho positivismo en estos momentos. Observar como una gota de agua se resbala por la ventana puede ser muy impresionante. Se pueden ver tantos reflejos a través de esa gota. Este tipo de cosas hacen que aprecies la vida, sin importar las situaciones a las que te puedas estar enfrentando.

Los niños también se vuelven más felices si los llevas a este espacio de consciencia. Nosotros lo intentamos, dándole a los niños actividades en las que tuvieran que prestar atención al momento presente; funcionó. Esos niños ahora saben cómo enfrentarse a los problemas pues son capaces de ver más allá de ellos y dejar que su mente encuentre las soluciones, en lugar de saturarse de preocupaciones. Estas son algunas de las actividades que puedes practicar con ellos:

Oído - Para este tipo de atención plena tienes que introducir sonidos para que ellos te digan cuáles son y en qué los hace pensar. Un día, mi hija me hizo muy feliz al contarme que iba en el autobús escolar cuando, de repente, escuchó un sonido proveniente de otro carro. Ese sonido la hizo pensar en un juego que habíamos jugado, y desde ese momento comenzó a prestarle más atención a lo que sucedía a su alrededor. Esta actividad puede incluir cosas como reproducir una parte de una canción y dejar que traten de adivinar qué canción es a partir de esas notas iniciales. Es divertido, pero también hace que la gente se concentre en el momento presente.

Vista - Notar las cosas a tu alrededor forma parte de la atención plena. Solo se trata de notar las cosas sin tener prejuicios. Por ejemplo, podrías empezar a prestarle más atención a cosas que antes dabas por sentado durante una caminata, juntando pequeñas partes de la naturaleza, de manera que las cosas se vuelvan tangibles o para llevar un poco del exterior al interior de tu hogar. Es algo muy gratificante, y significa que estás usando tu poder de observación para encontrar tesoros que de otra forma hubieran permanecido escondidos. Los niños también utilizaron el sentido de la vista para observar animales en su hábitat natural, algo que los llenó de tanta gratitud que ahora ellos le enseñan lo mismo a sus hijos.

Gusto - Tal y como lo intentamos anteriormente en este capítulo, el gusto hace que pensemos en el momento presente. Puedes traer comida para que las personas la prueben, la mastiquen, sientan su textura y aprecien las buenas cosas de la vida. Comer un poco más despacio es beneficioso en muchos sentidos, pero en la atención plena no solo se trata de ir más despacio. Se trata de reconocer todo lo bueno del momento presente y aprovecharlo al máximo.

Olfato - Esta prueba es muy buena para los sentidos. Así como presentamos diferentes alimentos para la prueba del gusto, hagamos lo mismo con los aromas. Puede ser muy gratificante el que enfoques tus sentidos a tal nivel, que de verdad aprecies lo que sucede en cada momento. Los aromas también pueden hacerte sentir muy bien, tanto que es posible que quieras incluirlos en tu espacio de meditación, pues pueden ser de gran ayuda.

Tacto - Raramente utilizamos el sentido del tacto como debería de ser. Igualmente, junta objetos con diferentes texturas, cierra tus ojos y disfrútalas. Esto puede ser muy enriquecedor. Verás que tu sentido del tacto comenzará a mejorar. Incluso, al comprar ropa nueva, empezarás a sentir la tela, buscando esa suavidad para la piel.

Los expertos tenían razón al decir que la atención plena hace que te sientas bien con respecto a la vida. La atención plena ayuda mucho a tu práctica de meditación, pero también te anima a experimentar con la vida y a apreciar cada momento que se te presenta. Hay una frase del Dalai Lama que se volvió muy famosa sobre la forma en la que ve a la gente vivir sus vidas y lo que le sorprende del ser humano. Estas fueron sus palabras:

"Lo que más me sorprende es el mismo ser humano. Porque sacrifica su salud para ganar dinero. Luego sacrifica su dinero para poder recuperar su salud. Y luego está tan ansioso sobre su futuro que no disfruta el presente; el resultado es que no vive ni en el presente ni en el futuro; vive como si nunca fuera a morir y muere como si nunca hubiera vivido."

Es un pensamiento muy profundo que deberíamos de reflexionar, pues nos explica por qué es tan importante la atención plena para el ser humano. Si estás muy ocupado viviendo en el futuro o en el pasado, el día de hoy pasa en un abrir y cerrar de ojos sin que hayas obtenido nada de él. En el próximo ejercicio verás que puedes utilizar la atención plena en tu vida diaria y que te ayuda a tener una mente más abierta y a que tengas menos prejuicios. Estamos demasiado acostumbrados a criticar. De hecho, la crítica alimenta el ego de las personas. Eso también significa que divide las opiniones, creando dificultades en las relaciones con los demás. El elemento más importante de la atención plena es la habilidad de observar sin juzgar. Ya que la estructura de la sociedad en la que vivimos se basa en el prejuicio, es algo muy difícil de cambiar, pero mientras más lo practiques más beneficios traerá a tu vida.

Ejercicio de observación

Para este ejercicio, elige un lugar concurrido y que tenga muchas cosas para observar. Puede ser una cafetería, un parque o cualquier lugar en el que puedas observar a las personas libremente. Busca un lugar para sentarte y mira a tu alrededor. Observa a las personas, y cada vez que te des cuenta de que estás criticando algo, trata de sentir un poco de compasión y empatía. Es decir, trata de ponerte en los zapatos de los demás. Esto te hará mejor persona. Criticar es muy fácil. Pero también es muy destructivo y negativo, y no solo para la persona a quien se critica. Recuerdo haber leído una cita sobre algo muy relevante para la atención plena. Decía algo así:

"Un insulto habla más de la persona que está insultando que de la persona a quien va dirigida el insulto."

Hay que dejar esos malos hábitos que la misma

sociedad nos ha impuesto. Hay que dejar de criticar a todos y de pensar que somos mejores a los demás. Todos tenemos derecho a ser quienes somos. Mira a tu alrededor y observa sin juzgar. Puede que la niña con sobrepeso no esté en esas condiciones por lo que decide comer. Tal vez solo tiene la mala fortuna de haber nacido así. El hombre con un estilo muy extraño en su cabello no necesita de tus críticas. Probablemente se lo cortó así a causa de las mismas críticas que ya ha recibido y ahora tiene algún problema de autoestima. Observa a la madre que se enojó con su hijo. No juzgues. No conoces las circunstancias, y aunque las conocieras, no puedes entrar en su cabeza. Observa, pero no juzgues.

Si practicas esto cuando vas en el autobús o cuando sales de casa, empezarás a tener más compasión, lo cual es sumamente importante para el desarrollo de tu mente. No serás capaz de desarrollarla si te mantienes con una mente cerrada. No podrás mejorar tu persona si te crees superior a los demás. Observar sin juzgar requiere de mucho. Te voy a dar un ejemplo. Tengo un vecino que vive en una casa un poco descuidada. Él no tiene los recursos para mantenerla. Podríamos asumir que es una persona floja y que simplemente no le importa. Sin embargo, la verdad es que sí le importa y lo que ha logrado en la vida es más de lo que hubiera podido imaginar. Él era un indigente. Peleó por su país y cuando regresó de la guerra, descubrió que ya no encajaba en la sociedad que lo recibía. Nadie había visto los horrores que él vio, por lo que a nadie parecía agradarle. El simple hecho de recuperar su vida fue muy difícil. Tiene restos de metralleta en la pierna y casi no puede mover su espalda. A pesar de que siempre lo veíamos caminar por el patio delantero de su casa, nunca notamos el esfuerzo que le costaba tan solo levantarse, a pesar de que los doctores le recomendaban mantenerse en reposo.

Muchas veces, lo que vemos en el exterior no tiene nada que ver con lo que sucede en el interior. Cuando empiezas a idealizar cómo deberían de comportarse los demás estás limitando tus propios horizontes, y la atención plena se trata de expandirlos para que puedas ver el panorama completo.

Ejercicio de observación en general

La atención plena se trata de llenar a tu mente con las maravillas que te rodean. En este tipo de meditación está permitido observar, pero también tienes que asegurarte de respirar correctamente, solo que estarás incluyendo todo lo que forme parte de ese momento. Esto requiere de un cierto nivel de concentración, pero de lo que más requiere es disciplina, pues se trata de entrenar a tu mente para que acepte el momento tal y como es. Por ejemplo, si es un mal momento recuerda que este pasará y uno nuevo llegará. La práctica de la atención plena te libera de las presiones. Para este ejercicio tendrás que caminar en un parque y observar todos los elementos de la naturaleza. Observa el color del pasto, el color del cielo, el movimiento de las nubes, las flores que florecen. Concéntrate solo en eso. Todo lo que pase por tu mente tiene que formar parte de la naturaleza. Observa las diferentes tonalidades del lago. Mira cómo los pájaros aterrizan para tomar migajas.

El punto es reducir la velocidad. Hay que meditar, y si esta práctica te es de ayuda, verás cómo mejorarás tu bienestar, tu espiritualidad y tu sentido de la observación.

Capítulo 12 - Las Preguntas más comunes sobre la Meditación y sus Respuestas

En este capítulo me basaré en la experiencia que he tenido con mis estudiantes para responder las preguntas que podrías tener durante tu práctica de meditación. Espero que sean de ayuda para encontrarle el sentido a cosas que aún no puedas comprender.

¿Cómo es que la meditación te ayuda a ser más dinámico?

Muchos estudiantes creen, erróneamente, que la meditación te vuelve una persona más despreocupada. En realidad, hace todo lo contrario. Si no eres capaz de hacer muchas cosas al mismo tiempo, te ayuda a que te desempeñes mejor. Estás aprendiendo una sola disciplina. Si la pones en práctica en todos los aspectos de tu vida te volverás mucho más eficiente y serás capaz de hacer más cosas. Te explico. Tu autodisciplina impide que te distraigas con cosas que no tienen importancia. Por consiguiente, podrás enfocarte en tu trabajo y terminarlo de una manera mucho más eficiente.

No puedo concentrarme lo suficiente para meditar

Cuando los estudiantes me dicen esto, lo que veo es que se están esforzando demasiado por concentrarse, pues eso es lo que entienden por concentración. Creen que concentrarse significa enfocar tu mente en algo y mantenerla ahí. Si ves a la meditación desde otra perspectiva te resultará más fácil. No hay que concentrarse, en el sentido literal de la palabra. Eso se trata de enfocarse en ciertos pensamientos y aferrarse a ellos. En realidad, lo que se hace es soltar esos pensamientos. Si tú mismo te dices que no sirves para la meditación y permites que todo tipo de pensamientos lleguen a tu mente, entonces tú solo te estarás arruinando tus oportunidades para meditar. Piensa en la concentración como algo que te permite soltarte de las cosas y confiar en ti mismo. En realidad, de eso se trata.

No puedo evitar que lleguen pensamientos externos a mi mente. ¿Cómo los puedo detener?

Es muy posible que estés probando con un tipo de meditación que no es el adecuado para ti. Tal vez necesites de algo que te ayude a enfocarte más, como la meditación con cantos, para cerrar tu mente. Si puedes, canta más para ahogar tus pensamientos. Muchas de las personas que tienen este problema han descubierto que la meditación con cantos o mantras les viene mejor, pues les ayuda a deshacerse de esos pensamientos y a concentrarse en el sonido que emiten, de tal manera que llegan a meditar correctamente.

¿Se necesita ser religioso para meditar correctamente?

Definitivamente no. En lo que sí tienes que creer, es en ti mismo y en el hecho de que hay mucho más conocimiento dentro de tu mente del que creías. La meditación se trata de la exploración de tu ser interior, no de conectarte con algún dios. Las personas religiosas suelen ver a ese ser interior como a un ser superior, lo cual también está bien. Va bien con sus creencias y les ayuda a meditar de manera exitosa, pero no es necesario que creas en Dios para meditar.

¿Es mejor meditar en grupo o de manera individual?

Hay dos formas de ver esta pregunta. ¿Qué tan independiente eres? ¿Sueles tener una mejor disciplina cuando aprendes algo por tu cuenta? ¿Sueles rendirte fácilmente cunado crees que estás fallando? Si eres de aquellos que necesitan un soporte, un grupo te vendría muy bien para encontrar a otras personas que estén experimentando los mismos sentimientos, lo cual te motivará a seguir con tu camino.

Otra de las ventajas de unirse a un grupo es que suelen estar dirigidos por alguien con un gran conocimiento sobre meditación y que te ayudará corregir lo que estés haciendo mal. Esto es algo que no se tiene cuando se practica de manera individual. Los grupos suelen ofrecer mucho apoyo, lo cual te da mucha confianza cuando apenas estás empezando. Entonces, para quienes creen que ese apoyo les vendría muy bien, un grupo puede ser la mejor opción.

Para aquellos que trabajan mejor de manera individual,

no habrá desventaja alguna, pues ellos mismos saben lo que tienen que hacer. Solo se trata de ser disciplinado, estableciendo un horario para tu meditación diaria.

Las personas que meditan, ¿tienen suficiente energía física?

Cuando me hicieron esta pregunta no podía deducir de dónde venía la duda. El estudiante me explicó que él creía que las personas que meditan solo se sientan a descansar un poco. Le expliqué que de la meditación obtienes energía con un gran nivel de positivismo. Cuando terminas tu práctica de meditación puedes complementarla con ejercicios que te llenan de energía, como inhalar por uno de los orificios de tu nariz y exhalar por el otro. Esto abre tus vías respiratorias y activa tu mente. Si combinas técnicas de respiración con tu práctica de meditación tendrás más energía, ya que tu postura mejorará y se activarán todos los puntos de energía que hay a lo largo de tu cuerpo.

Nadie está esperando que puedas meditar y correr un maratón después, pero definitivamente muchas cosas serán más posibles. Te ayudará ponerte en el camino correcto para alcanzar cualquier meta que te propongas, ¡incluyendo un maratón!

¿Qué pasa si me quedo dormido en medio de la

práctica?

Esto ha llegado a pasar. Si crees que es muy probable que te quedes dormido, asegúrate de que estés en un espacio seguro y que el suelo pueda soportar tu peso sin que haya un impacto muy fuerte. Si estás sentado sobre tu cojín en un tapete de yoga no tienes mucho de qué preocuparte.

¿Qué pasa si tengo dificultades para respirar?

Yo mismo tuve este tipo de dificultades por muchos años y pensaba que me impediría progresar con mi meditación, sin embargo, siempre se puede encontrar una manera de respirar que se ajuste a tus necesidades. Por ejemplo, uno de los orificios de mi nariz está permanentemente cerrado, pero aún puedo respirar por el otro y suelo exhalar por la boca. Siempre puedes adaptarte para meditar de manera efectiva. A veces solo es necesario hacer unos pequeños ajustes, estando conscientes de nuestras propias limitaciones.

¿Por qué se suele meditar al amanecer o al atardecer?

Muchas personas eligen estos momentos del día porque los llenan de una inspiración que el resto del mundo no les da. La naturaleza, en este caso el amanecer o el atardecer, les provee más energía y les da el nivel de concentración necesario. No hay nada como meditar en una playa al amanecer o al atardecer.

Esto te ayuda a recordar lo pequeños que somos y lo grande y maravilloso que es el mundo en el que vivimos. Si cierras tus ojos y meditas en un ambiente como este, cuando los abras sentirás como que estás renaciendo. Es algo muy estimulante y motivador.

¿Puedo combinar la meditación con el yoga?

Claro que sí. De hecho, podría incluso ser mejor. Depende de lo que estés buscando con tu meditación. Si lo que quieres es encontrar un momento de paz en una vida tormentosa, incluir la práctica del yoga a tu práctica de meditación te llenará de energía y obtendrás una mayor movilidad.

En la mayoría de las clases de yoga los maestros son capaces de pasar por todos los niveles contigo. Aprenderás a practicar el saludo al sol, el cual es un ejercicio con muchos beneficios que puedes utilizar para dar gracias a tu día antes de continuar con tus actividades. Luego podrás meditar por las tardes para que fluya con tus mañanas.

¿Se puede practicar en pareja?

La meditación suele ser algo muy personal, pero es posible que una pareja te otorgue la motivación necesaria, y viceversa, lo cual puede resultarte muy beneficioso. Si sueles practicar en pareja, pero sientes que en ocasiones tienes que hacerlo tú solo, también está bien. Sé honesto con tu pareja sobre ello y verás que lo respetará. Incluso podrían juntarse después de sus respectivas prácticas para platicar sobre sus beneficios obtenidos. De hecho, siempre se recomienda que analices tu sesión una vez finalizada, para que aprecies lo que has aprendido y ganado. Esto te ayuda a fortalecer tu práctica de meditación y resalta las áreas en las que tengas dificultades y que requieren de un mayor esfuerzo. Esto puede ser muy bueno si se practica en pareja, pero nadie debe sentirse forzado a meditar por influencia de alguien más. Para que sea efectivo, tienes que ser tú el que quiera hacerlo.

Capítulo 13 - Desarrolla tu práctica de Meditación

"Así como se descubren tesoros de la tierra, la virtud se aparece de las buenas acciones y la sabiduría aparece de una mente pura y pacífica. Para caminar con seguridad a través del laberinto de la vida humana, uno necesita la luz de la sabiduría y la guía de la virtud."
~ Buda

Te sentirás frustrado cuando empieces a meditar. No estás acostumbrado a pensar de esta manera. Es imposible cambiar los hábitos que has tenido durante toda tu vida de la noche a la mañana. Al finalizar una sesión de meditación, una de las cosas más importantes que tienes que hacer es pensar en lo que obtuviste de esa sesión y en qué puedes hacer para mejorar la siguiente. Esta autoevaluación te permite salir de tu estado meditativo y volver al mundo real a un buen ritmo. Si lo piensas, tu presión arterial disminuye con la meditación, por lo que nunca deberías levantarte de repente y apresurarte a continuar con tus actividades. Deja que tu cuerpo se ajuste lentamente. Entonces, cuando abras tus ojos después de tu meditación, evalúa lo que obtuviste de ella y las mejoras que podrías tener la próxima vez.

Los monjes budistas siempre buscan mejorar, porque quieren alcanzar ese Nirvana en donde el entendimiento se presenta de tal forma que conocen las respuestas a los problemas que han experimentado.

Quieren llegar al mismo lugar al que Buda llegó a través de su meditación, pues ahí es donde tiene lugar la iluminación. Puede que meditemos para mejorar nuestras vidas o para deshacernos del estrés, pero hay que trabajar en ello para lograrlo en lugar de repetir las cosas una y otra vez.

Toma nota de lo que ganaste con tu meditación y piensa en qué puedes hacer para mejorar. Por ejemplo, si al terminar tu sesión notas un dolor en alguna parte de tu espalda tienes que detectar lo que estuvo mal con tu postura, para que la próxima vez no repitas el mismo error. También podrías repasar tu meditación para ver qué podías haber hecho mejor. Estas son algunas de las cosas con las que podrías autoevaluarte:

- Me tomó demasiado tiempo entrar en un estado meditativo.
- No podía mantener a los pensamientos externos fuera.
- A causa de los pensamientos externos, no podía contar hasta 10.
- Había mucho ruido externo que no me dejaba concentrarme.

Esta autocrítica servirá para que mejores en tu meditación. Por ejemplo, ¿por qué te tomó tanto tiempo entrar en un estado meditativo? ¿Pudiste haber hecho algo para obtener mejores resultados? Tal vez hay algún problema que no te permite estar en un estado mental receptivo. Tal vez necesitabas un momento de relajación antes de empezar. Los pensamientos negativos siempre se interpondrán con la meditación. Si los tienes, debes resolverlos o buscar la manera de observar tu situación desde un punto de vista neutro, para evitar que te enojes o que esos pensamientos negativos tomen el control.

Es posible que no hayas podido contar hasta 10 por haber estado demasiado preocupado por algún problema. No podrás mejorar tu práctica de meditación hasta que aprendas a calmar tu mente y dejes de preocuparte tanto por las cosas que suceden en tu vida. Si te das cuenta de que esto es lo que estás haciendo, practica un poco la atención plena antes de meditar. Es decir, observa, vive el momento presente y suelta todo lo que te haya sucedido o lo que crees que pueda suceder.

La atención plena sirve mucho para acercarte a tu meditación. Si eres capaz de distanciarte del pasado, o de sus posibles repercusiones en el futuro y te permites vivir el momento presente, podrás alejarte de la negatividad que acompaña a tus problemas. Te daré un ejemplo. Una mujer se enoja con su esposo. Está tan enojada que decide salir para estar a solas por un tiempo. No puede dejar de pensar mientras camina por el parque. Son pensamientos negativos sobre su esposo. Está tan enojada que le está permitiendo a ese enojo tomar el control. No importa qué haya sucedido. Lo que importa es que no estaba usando la atención plena. En lugar disfrutar el momento presente, no dejaba de pensar en su situación pasada, llenándose de negatividad. Esta mujer se encuentra con un niño que está a punto de caer al canal. Un instante después está a su lado para evitar que caiga, y justo en ese momento, cuando está ocupándose del niño, el enojo que sentía hacia su esposo desaparece. En ese momento decidió que el PRESENTE importaba más que el pasado.

Cuando estaba ayudando al niño pudo olvidarse de ese enojo. Puede que aún haya estado algo enojada cuando regresó a su casa, pero cuando menos tuvo un respiro de ese sentimiento por un instante. Si vivimos el momento dejamos de aferrarnos a los sentimientos negativos. En vez de ello, pasamos al siguiente momento con la mente clara y lo aceptamos como se presenta. Esto significa que la mente está lista para meditar. Con este ejemplo puedes ver que lo que hace que tu mente esté preparada es liberarla de la carga que trae del pasado. No puedes cambiar lo que ya sucedió y si te sigues preocupando por ello no podrás enfocarte en tu meditación, que es lo que está sucediendo en el PRESENTE. ¿Cómo podrías meditar si no dejas de pensar en lo que ha sucedido? No se puede. Tienes que abrir tu mente a la meditación para que pueda resultarte beneficiosa. Así que, si entras a tu cuarto de meditación pensando en el fracaso o en el pasado, te resultará muy difícil superarlo.

Si utilizas una resolución para aclarar tu mente antes de meditar, tendrás el enfoque adecuado para aprovechar al máximo tu práctica de meditación. Toma tiempo.

Como ya lo hemos dicho, estamos programados para reaccionar de cierta manera. Pero ahora tienes que reprogramarte y aprender a vivir en el momento presente.

Para mejorar tu meditación, también podrías mejorar el lugar en el que practicas. ¿Hay algo que te distraiga durante tu meditación? Ese momento que utilizas para pensar después de tu práctica, puede servir para cambiar las cosas, de modo que la próxima vez que medites tengas menos distracciones. ¿Había demasiada luz? Tal vez eso era lo que te distraía. En ese caso, cierra las cortinas o las persianas la próxima vez que vayas a meditar. El objetivo de darte un tiempo para pensar después de tu práctica es que te ocupes de lo que mejoraría tu próxima sesión.

Es algo parecido a un salón de clases. Hay algunas lecciones que son más fáciles de entender, pero durante el proceso nos damos cuenta de cómo aprendemos mejor. Ya sea tomando notas o viendo el tema desde otra perspectiva. Si te piden que escribas un ensayo durante tus vacaciones, lo más seguro es que termines escribiendo sobre lo que hiciste en ellas. Esto nos prueba que podemos hacer mejor las cosas si las vemos de cerca. Lo mismo sucede con la meditación. Puedes cambiar cualquier cosa que creas que se interpone en tu camino y hacer que tu siguiente sesión sea más exitosa. Esta atención personal te ayuda a crecer espiritualmente y a que tengas una mejor percepción de tus logros y tus fracasos. Con el tiempo, esto te hará más fuerte y te permitirá meditar de la forma que mejor se adapte a tus necesidades.

También es posible que hayas intentado probar con las cuentas por primera vez y que estas te hayan distraído. Podrías intentar utilizarlas cuando no estés meditando, para que te resulte más natural usarlas y te sean de ayuda la próxima vez. Ese manejo subconsciente de las cuentas puede profundizar tu meditación, pero si lo haces de manera consciente podrías estar impidiendo tu progreso. Entonces, ese tiempo que dedicas después de tu práctica te ayuda a trabajar en tus fortalezas y en tus debilidades.

¿Sueles analizar cada detalle? Eso podría perjudicar tu proceso de meditación. Si siempre te estás preguntado el porqué de las cosas, te será muy difícil renunciar a los procesos de pensamiento durante tu meditación. Tienes que dejar de ser tan inquisitivo y dejar que las cosas pasen. Si quieres encontrarle una respuesta a "¿por qué me duele la pierna en esta posición?", presta atención a ese dolor y la meditación te dará tu respuesta. Es inevitable que pienses en el dolor, pues tus nervios le pasarán ese mensaje a tu cerebro. No se puede hacer nada al respecto. Sin embargo, puedes observar ese dolor, estar consciente del él y seguir meditando. Una vez que termines de meditar podrás buscar el origen de ese dolor.

Tal vez te funcione relajarte con un diario para que te des cuenta de tus errores y pienses en ellos después. Si no le prestas atención a tus sesiones no podrás mejorar. Por ejemplo, si me caigo al saltar la cuerda y no me doy cuenta de que fue por haberla colocado mal, seguiré cometiendo el mismo error. Si me pongo a analizar la situación, me daré cuenta de que solo tengo que mover un poco la cuerda para que la próxima vez sea mejor. Todo lo que seas capaz de notar hará que cada meditación sea una continuación de la anterior. Pero cada vez será mejor.

Confía en que tu mente pueda combatir al silencio. Lo hará. Confía en que tu mente puede tener el control. Está tan acostumbrada a estar pensando que le resulta muy difícil liberarse. Aprende a concentrarte en lo que deberías en lugar de que tu mente tenga el control sobre tus pensamientos. Tú estás al volante. Una vez que tomas las riendas y entiendes cómo funcionan las cosas, todo se vuelve más sencillo.

Con tus errores aprenderás a desarrollar y profundizar tus habilidades. En vez de pensar que no te trae nada bueno o que no sirves para ello, mejor piensa que la próxima vez avanzarás un paso más si te encargas de tal o tal problema.

Hay que ocuparnos de nuestra meditación, así como tenemos que ocuparnos de nuestra vida para irla mejorando. Tu mente, tu espíritu y tú se convertirán en uno, haciendo que te sea mucho más posible alcanzar ese Nirvana en el que el entendimiento se vuelve parte integral de tus motivos para meditar.

Conclusión

Esta cita es una de mis favoritas. ¿Por qué? Porque es muy cierta y te ayudará a entender lo que es la meditación mucho mejor. Es muy cierto que no podemos encontrar la fe en nosotros mismos o en algo más a través del pensamiento. La fe es aquello que sentiste en el lugar que te maravillaba. No existe un pensamiento que pueda expresar eso. Solo lo encuentras ahí. Mientras más lo pienses, más confundes a tu mente con todo lo que puede pasar por tu cabeza. De ahí viene el estrés. Si eres capaz de ver esa fe interior y alcanzas la espiritualidad a través de la forma en la que ves al mundo, no a través de los pensamientos, todo tendrá mucho más sentido.

Esta mañana me desperté con el canto de las aves. Miré por la ventana y vi como el sol se elevaba por el cielo, listo para otro día. Nunca pensé en lo estresante que podría ser el día. No me puse a pensar sobre a quién debía regañar ese día o en quién podría estar enojado conmigo. Ni si quiera pensé en lo molesto que es el sonido de la alarma. Los pensamientos, definitivamente, matan a la esperanza y a esa oportunidad de disfrutar el momento en el que te encuentras. Toma lo que te da la vida y disfrútalo. El canto de las aves y el amanecer fueron suficientes para que tuviera fe en lo buena que es la vida y esperanza por las cosas que están por venir. No tuve necesidad de pensar en las preocupaciones del día. Sé que mi subconsciente es capaz de resolver todo ello por su cuenta. Cuando no te pones a pensar encuentras más soluciones de las que te podrías imaginar.

Cuando estamos estresados nos olvidamos de la humildad. Nos volvemos indignantes, estamos a la defensiva o tratamos de ocultar nuestras emociones de los demás. Deja de tratar de justificarte. Si lo que quieres es sentirte verdaderamente feliz, no tienes que estarte justificando de nada. Este momento es lo que es. Si logras apreciar esto habrás alcanzado un punto en el que podrás hasta dormir mejor, podrás relacionarte mejor con las personas y podrás deshacerte del estrés. Lo que es pasado, es pasado. No lo puedes cambiar. Podrás intentarlo, pero será inútil.

El estrés no te trae nada bueno. No tiene ningún sentido que te pongas a practicar lo que le dirás alguien con quien estás enojado. Suelta ese enojo y deja que tu corazón hable. Es mucho más saludable y hará que te sientas más completo. Recuerda que KhalilGibran lo menciona y lo usa en su frase: "La fe y la espiritualidad *no* se alcanzan a través del pensamiento." Si tu corazón es feliz, automáticamente encontrará la espiritualidad por su cuenta, sin siquiera buscarla. Lo supe cuando vi a través de la ventana e incluso ahora, mientras escribo este libro para ustedes, puedo ver un arcoíris en el cielo desde mi ventana y veo lo maravilloso que es sin necesidad de tener algún tipo de actividad mental. Hay tanto poder dentro de tu mente, pero no podrás usarlo solamente con energía mental. Logras aprovecharlo cuando dejas de intentar y confías en ti mismo. Ahí es cuando la meditación está dando frutos en todo su esplendor.

Tu corazón se vuelve mucho más fuerte cuando recuerdas lo pequeños que somos y dejas que el universo te lleve por donde debe. Los ejercicios de meditación mencionados en este libro te ayudarán a restaurar tu habilidad para relajarte y a sentirte bien contigo mismo. Cuando acomodas tus pensamientos en sus respectivos compartimentos te permites disfrutar el momento presente, y lo mismo con el siguiente, como algo completamente nuevo. De esta forma empezarás a estar realmente presente en tu vida. Muchas personas desperdician su tiempo pensando en las miserias del pasado o preocupándose por lo que aún no ha sucedido, y sin darse cuenta, el tiempo se pasa. Si te das cuenta de que cada momento de tu vida es parte fundamental del juego de vivir le podrás dar un significado a tu vida. Por ejemplo, hace un momento, sentí una gran tranquilidad al tomar un poco de agua fresca. En este momento mi cuerpo se siente satisfecho y mi mente está llena de pensamientos sobre cómo plasmar este sentimiento en palabras, de manera que tenga sentido para mis lectores. Esto me hace muy feliz.

Haz que cada momento cuente y si sientes que el mundo va demasiado rápido, o tal vez tú vas muy lento, detente, medita y deja que tu fuerza interior tome las riendas por un momento. La única manera de que aprendas a relajarte y a conectarte con tu espiritualidad es soltando todas las pretensiones y estando completamente presente en este momento de tu vida.

Ve a cada momento, a cada aliento como si fuera el último y hazlo valer. Espero que encuentres la respuesta en estas páginas. Meditar no es algo fácil, pero es algo que puedes practicar para mejorar tu vida. Gracias a la meditación, yo he aprendido a ir por la vida con un corazón feliz, sabiendo que cada momento que me da la vida lo puedo aprovechar para conectarme espiritualmente con mis creencias, haciéndolas formar parte de mí. Cuando meditas, ayudas a tu mente a salir adelante y te vuelves mucho más fuerte.

Hemos abarcado muchos aspectos en este libro. Te preparaste para la meditación, pues si no te preparas es muy posible que no llegues a entenderla y no te sientas capaz de practicarla. Todos pueden, solo se necesita saber cómo. He explicado los ideales detrás de la meditación y quiénes la utilizan. No por nada ya tiene una muy larga existencia. Funciona. Incluso te he dado ejemplos médicos sobre cómo ayuda a mejorar tu vida. No viene solamente desde una perspectiva mental. También viene de una perspectiva médica. Incluso te conté sobre el libro de Daniel Goleman, "La Salud Emocional: conversaciones con el Dalai Lama sobre la salud, las emociones y la mente", que respalda todo lo que he dicho. Si este libro no te convence sobre los beneficios de la meditación, no sé qué podría hacerlo.

Está muy clara la relación entre tu mente y el bienestar, tanto que los doctores que suelen recetar medicamentos para los problemas mentales, ahora están prescribiendo la meditación de la atención plena como una alternativa a algo que parecía no funcionar muy bien. Cada vez hay más personas que sufren de depresión o estrés, y el hecho de que los doctores estén trabajando con esta nueva teoría de que la meditación puede ser de gran ayuda, nos relaciona con lo todo lo que dice el libro mencionado.

En la sección de preguntas y respuestas he mencionado algunas de las preguntas más frecuentes, y espero haber podido aclarar cualquier problema que se te pudiera presentar durante tu proceso de meditación o cualquier duda sobre tu percepción ante todo esto. Por ejemplo, las personas religiosas suelen preguntarse si la meditación va en contra de sus creencias, pero recuerda que el budismo es solo una filosofía. Una filosofía que puedes seguir sin importar tu religión. Otro gran ejemplo del éxito de la meditación es el que nos compartió un judío llamado Leonard Cohen. Su fe judía nunca se ha interpuesto con su meditación, pues son cosas muy distintas que simplemente se han unido. Sin embargo, su práctica de meditación significa que está más abierto a ideas que el mismo judaísmo excluye. Entonces, uno podría debatir que la meditación te vuelve un mejor cristiano, un mejor judío, o simplemente una mejor persona; sea cual sea tu religión. Te volverás más tolerante. Verás que la humildad es fundamental en cualquier creencia religiosa. También tendrás una mayor empatía. Cosa que hace falta en muchas personas de muchas religiones en todo el mundo, simplemente porque no conocen los beneficios de la empatía.

Espero que hayas disfrutado mucho este libro. En la medida de lo posible, he tratado de usar mi propia experiencia para demostrar los diferentes elementos de la meditación, de manera que tengas el panorama completo de lo que se trata, de cómo practicarla y de cómo incorporarla a tu vida. Es una guía completa, sin embargo, puedes complementarla buscando más información sobre diferentes filosofías que podrían ayudarte a sanar. Podrías leer a KahlilGibran, por ejemplo. Esto podría ayudarte a abrir tu mente a otras áreas espirituales de tu vida. El libro "La Salud Emocional" puede ayudarte a fortalecer tu determinación y a sacarle el mejor provecho a tu meditación. Leer libros de personajes como Rumi o todos los que hemos mencionado te ayudará a visualizar ese pensamiento meditativo en forma de palabras, de manera que lo puedas usar para tu desarrollo.

Parte 2

Introducción

¿Alguna vez se ha sentido perdido? ¿Desorientado? o cansado. De vez en cuando, experimentamos dificultades y nos enfrentamos a muchas situaciones difíciles de todo tipo. Los eventos significativos, como la pérdida de un ser querido, el cambio de carrera, el inicio de una familia o el ingreso a la adolescencia, entre otros, a veces nos hacen sentir que estamos en una encrucijada o en un callejón sin salida. Ya sea que se sienta perdido, infeliz o simplemente desee desarrollar una comprensión más profunda del mundo y todo lo que hay en él, este libro está escrito para usted.

Este libro le ayudará a practicar una de las formas más antiguas y más efectivas para reducir el estrés, desarrollar la autoconciencia y rejuvenecer su espíritu y cuerpo. Esto no es otra cosa que practicar la mejora más fundamental del estilo de vida: La meditación.

Cuando se sienta abrumado por el estrés y el pánico, es importante aprender como dominar y controlar esto mediante la meditación. Cuando aplique y desarrolle la práctica de la meditación, tendrá una conciencia más profunda o conciencia de sus pensamientos, emociones, así como también de su entorno. Es importante tener en cuenta que la práctica de la meditación no debe ser solo una cosa o fase. Debe aplicarse y practicarse a largo plazo para que usted realmente disfrute y obtenga los beneficios que le brinda a su vida. ¿Sabía que algunos de los líderes religiosos, CEO's y personalidades de fama mundial más influyentes practican la meditación? Hacen esto para aprovechar sus fortalezas internas, sabiduría y bienestar general. Personalidades famosas como Oprah, Hugh Jackman y Russel Brand, por nombrar algunas, todas meditan porque les ayuda a convertirse en mejores versiones de sí mismos.

Oprah cree que la meditación le ayuda a sentirse y ser mejor: "*Lo único que quiero seguir haciendo es centrarme en mi misma todos los días y hacer de eso una práctica para mí, porque estoy un mil por ciento mejor cuando lo hago*".

Según Russel Brand: *Soy un pensador bastante neurótico, una persona bastante adrenalizada. Pero después de la meditación, sentí esta hermosa serenidad y conexión desinteresada*".

Hugh Jackman luchó con los síntomas de su trastorno obsesivo compulsivo (TOC) hasta que descubrió el arte de la meditación: "*La meditación cambió mi vida*".

Tenga en mente que no importa quién sea usted, independientemente de su situación o de sus dificultades, puede practicar la meditación para aquietar su mente y ver mejoras en todos los aspectos de su vida. Si es un principiante, al final de la lectura de este libro, se dará cuenta de que no necesita estar en un centro Zen o estar en soledad durante muchos meses para que pueda meditar. A medida que siga leyendo, descubrirá que al emprender las técnicas de meditación simples que se analizan a lo largo de este libro, será más resistente al estrés y obtendrá una comprensión más profunda de sí mismo y de todo lo que lo rodea. ¡Espero que disfrute la lectura!

Discreción: Soy solo un estudiante apasionado de la salud y bienestar y estoy buscando las estrategias más avanzadas que puedan beneficiar mi vida, lo cual me inspira a compartir este conocimiento con cualquiera que esté dispuesto a escuchar.

Nota del Autor: Me doy cuenta que mi trabajo no resonará con todos los lectores. Como hombre comprometido con la mejora constante e interminable, si tiene algún comentario constructivo que le gustaría ofrecer o cree que el contenido de mi libro puede mejorarse de alguna manera, deje un honesto comentario al final del libro.

Garantía de devolución del dinero: Si usted no está satisfecho con el contenido de mis libros por cualquier motivo, también puede obtener un reembolso dentro de los 7 días de la compra. Simplemente desplácese sobre su cuenta y haga clic en Administrar su contenido y dispositivo. Luego, seleccione el botón de Acción directamente al lado del libro para el que desea un reembolso, y haga clic en Devolver para reembolso.

Capítulo 1: Empezando con la Meditación

"La meditación es la disolución de los pensamientos en la conciencia eterna o conciencia pura sin objetivación, saber sin pensar, fusionando la finitud en el infinito"~ Voltaire

Si usted no ha intentado todavía meditar, se está perdiendo de mucho. Esto es porque la meditación es una de las formas más simple y rápida de sentirse en calma y tener una mente más clara para hacer mejores juicios en su vida. La meditación le permite conectarse con su ser interior y desarrollar una conexión más profunda para reducir el estrés y sentirse más relajado. Antes de pasar al proceso de cómo puede comenzar a meditar, es importante estar familiarizado con los conceptos básicos de la meditación:

1. La meditación no debe ser forzada

¿Puede recordar una instancia en la que no pudiera dormir sin importar cuánto intentase? Lo mismo vale para calmar o aquietar la mente. En realidad, no puede exigir que su mente esté domada, pero puede crear un entorno propicio para la meditación y por lo tanto encontrar la calma. Cuando es capaz de ponerse en una condición que fomente una mente más tranquila, la meditación ocurrirá naturalmente.

2. La meditación debe ser desarrollada como hábito

Como principiante, es importante recordar que desarrollar el hábito de meditar es esencial para que esté realmente consciente de sus pensamientos y de todo su ser. Si lo hace, le ayudará a normalizar y liberar el estrés en medio de situaciones de angustia.

3. La meditación es simple pero no siempre fácil

Aunque cerrar los ojos, sentarse en una posición cómoda y respirar profundamente puede parecer simple, muchas personas todavía luchan con la práctica diaria de ejercicios de meditación. La mayoría de las personas que han intentado meditar generalmente no lo incorporan a su rutina diaria. Para que pueda desarrollar con éxito el hábito de la meditación diaria, necesita encontrar la técnica que mejor se adapte a usted y ser lo suficientemente disciplinado para profundizar su práctica de la meditación.

Diferentes Clases de Meditación y Técnicas de Relajación

A. Visualización Guiada

La visualización guiada es simplemente imaginarse en una situación serena y relajante. Al formar imágenes claras o vívidas de su lugar feliz, puede trabajar gradualmente para salir de las circunstancias más estresantes y encontrarse en un lugar y tiempo más pacífico. Tiene muchos recursos de meditación guiada disponibles en línea y puede escuchar un podcast de audio u obtener un experto en un video de YouTube para que lo visualice de manera más efectiva y se alivie del estrés.

B. Meditación de atención plena

La atención plena consiste básicamente en tener una mayor conciencia o conciencia de las cosas que están sucediendo a su alrededor. También se enfoca en ayudarlo a vivir el momento y no ser afectado por su pasado o sus preocupaciones futuras.

C. Meditación Transcendental

La meditación trascendental implica la emisión de un mantra para deshacerse de los pensamientos que distraen. Esta técnica natural le ayudará a entrar en un estado mental relajado y tranquilo y paz interior.

Otras formas de meditación incluyen yoga, Tai Chi y mantra meditación. Independientemente de cómo medite, siempre que le ayude a tener una mente y un cuerpo más relajados y que funcione para usted, no deje de hacerlo. Al desarrollar sus habilidades de meditación, podrá mantener un cierto equilibrio y protegerse de los factores estresantes de la vida cotidiana.

Consejos para comenzar

1. Recuérdese constantemente de sus metas y propósito

Una de las formas clave para comenzar y mantener una nueva práctica es recordando su propósito y objetivo. Pregúntese esto: ¿Por qué estoy haciendo esto? ¿Para quién estoy haciendo esto? Cuando puede ser claro en sus metas, es más probable que continúe en su búsqueda, especialmente a largo plazo.

2. Conocer que funciona para usted

Cuando esté comenzando a meditar, no tenga miedo de experimentar con la técnica que le funcione. Puede intentar sentarse con los ojos cerrados o pararse con los pies descalzos y mantener los ojos bien abiertos. Independientemente de cómo medite, siempre y cuando le ayude a ser más consciente de sí mismo y de los alrededores, hágalo.

3. Sea Comprometido y Consistente

Una de las mejores maneras de formar el hábito de la meditación es tener un tiempo y un lugar específicos para meditar. Pero tenga en cuenta que no siempre tiene que estar en el mismo lugar para poder meditar. El propósito de tener un tiempo y un lugar predeterminados para meditar es solo para ayudar a su mente y cuerpo a acostumbrarse a su nueva rutina. A medida que gradualmente incorpore esto en su vida, podrá meditar donde sea y cuando sea, en un instante.

Una Guía Simple de Meditación
Deje lo que está haciendo y fije el cronómetro por 5-10 minutos
Encuentre un lugar tranquilo, donde pueda sentarse en una silla confortable con sus pies directo en el piso y su espalda derecha.
Recuerde sus metas y propósito para meditar.
Comience siendo consciente de su respiración, tome respiros profundos y lentos y comience a cerrar sus ojos.
Sienta sus sentidos desde la cabeza a los dedos de los pies y observe cualquier emoción que usted esté sintiendo.
Inhale, exhale y note como su respiración fluye dentro y fuera de su cuerpo. Cuente de 1 a diez como su respiración sube y baja. Hágalo lentamente y enfóquese en su respiración.
Cuando escuche que suena la alarma, continúe respirando normalmente y observe su postura, pensamientos y sentimientos después de este simple ejercicio.

Lentamente abra sus ojos y deje que su cuerpo regrese a su ritmo usual.

Tenga en cuenta que esta es solo una guía básica para ayudarlo a comenzar. En realidad, hay muchas otras técnicas y ejercicios que podría probar.

Capítulo 2: Beneficios de la Meditación

Los beneficios de la meditación no se pueden enfatizar lo suficiente. Estos van desde tener una mente y un cuerpo más saludables hasta desarrollar relaciones más fuertes y más profundas. En este capítulo, verácómo la meditación podría hacerle sentir más feliz, satisfecho y más contento con todo lo que forma parte de su vida. Cuando medita, debe:

Tener un mejorado enfoque

La meditación puede brindarle más concentración o mayor concentración porque le permite estar familiarizado con sus pensamientos y patrones de pensamiento. Puede ayudarlo significativamente a aumentar su capacidad de atención y su nivel de conciencia, ya que lo ayuda a descubrir su fuente de energía principal y real.

Ser más creativo

La meditación promueve también la creatividad de una persona porque la meditación permite que una persona tenga ideas originales o novedosas. Ayuda a un individuo a pensar fuera de la caja y transformar sus ideas en realidad.

Ser más compasivo ycomprensivo

Al meditar, las personas también pueden mostrar más comprensión y tener un mejor estado de ánimo en general porque la meditación ayuda a aumentar las emociones positivas y disminuye las negativas.

Reducir el estrés

Uno de los mayores beneficios de la meditación es que reduce el estrés y ayuda a las personas a mantenerse calmadas mientras están bajo presión. Esto se debe a que la meditación ayuda a normalizar la presión arterial, la respiración y la frecuencia cardíaca. Con suficiente práctica, la meditación también podría ayudarlo a tener tranquilidad. También se sentirá capacitado porque, a través de la meditación, puede tener el poder de regular sus pensamientos y emociones.

Tener un estilo de vida más saludable y un sistema inmunológico más fuerte

Los beneficios físicos y de salud de la meditación son abundantes; no solo refuerza su sistema inmunológico sino que también le ayuda a adaptarse un estilo de vida más saludable. Los estudios han demostrado que a las personas que intentan dejar de fumar o dejar el consumo excesivo de alcohol les resulta más fácil controlar sus hábitos cuando meditan.

Hacerle sentir más feliz y más contento

Todos queremos ser felices. Afortunadamente, la meditación puede ayudarnos a sentirnos más vivos con alegría, energía y satisfacción desbordantes. Durante miles de años, se ha demostrado que esta técnica simple tiene un impacto positivo en la mente y el cuerpo de una persona y lo hace sentir más feliz y saludable. Una vez que haya aprendido y dominado la habilidad de la meditación, experimentará emociones positivas y felicidad como nunca antes.

Capítulo 3: Meditación para el Crecimiento Espiritual

La espiritualidad se define básicamente como "estar conectado a algo más grande que uno mismo", así como alcanzar o alcanzar un nivel más alto de conciencia. Uno de los factores más importantes para que una persona pueda vivir la vida al máximo es entender que todos los aspectos de su vida están equilibrados y en perfecta armonía entre ellos una vez que la calma de la meditación está funcionando. Las personas que desean avanzar hacia una vida más equilibrada suelen ir en un viaje espiritual para buscar un propósito y un significado más profundos en la vida. La mayoría de ellos recurren a un ser superior o desarrollan una conexión más profunda con la naturaleza o las artes. Independientemente de cómo elija vivir su vida espiritual, el mejor medio para desarrollar un mayor sentido de sí mismo y del universo es a través de la meditación.

A lo largo de su vida, es posible que se haya hecho preguntas sobre su identidad, propósito y la vida en general. ¿Por qué estoy aquí? ¿Cómo puedo vivir la vida al máximo? A medida que avanza en su búsqueda de su ser interior, en realidad está creciendo espiritualmente. Cuando puede experimentar un crecimiento espiritual, es más probable que vea la vida desde una perspectiva diferente y más positiva. También puede liberarse de sus miedos y pensamientos de ansiedad porque su estado de ánimo ya no es fácilmente influenciado por sus circunstancias pasadas, presentes y futuras. Se vuelve más fuerte y más centrado. Ya que ser espiritual es esencial para que logremos o mantengamos el equilibrio en la vida, debemos esforzarnos constantemente por el crecimiento espiritual. Aquí hay algunas estrategias sobre cómo puede llegar a ser más espiritual:

1. Tenga algún Tiempo a Solas

El caos, el ajetreo y el bullicio de la vida cotidiana a veces pueden hacer que olvidemos la importancia de tomarnos el tiempo. De vez en cuando, debe pasar algún tiempo en soledad para refrescarse y rejuvenecer su mente y su cuerpo. Puede tomar un buen baño largo, leer un buen libro o ver su película favorita para sentirse bien.

2. Sea más Agradecido

Muchos de nosotros somos más bendecidos y afortunados de lo que pensamos. Debido a nuestras obligaciones en el hogar y el trabajo, tendemos a pasar por alto muchas cosas, especialmente aquellas que están justo frente a nosotros. Las pequeñas cosas o los placeres simples de la vida a menudo pasan desapercibidos hasta que se desvanecen y finalmente desaparecen. Puede experimentar el crecimiento espiritual practicando la gratitud todos los días. Piensalo por un momento; ¿Cuándo fue la última vez que estuvo agradecido por tener un techo sobre su cabeza, o el hecho de que no está acostado en una cama de hospital? Al estar más agradecido, verá el mundo desde una perspectiva más optimista.

3. Haga de la felicidad un Hábito

Cuando haga de la felicidad un hábito, no solo mejorará su vida, sino que también le ayudará a cambiar su mentalidad y perspectiva a una más positiva. Lo mejor de nuestro cerebro es que los estudios neurológicos recientes apoyan la idea de que realmente podemos reconfigurarlo para aumentar nuestro nivel de felicidad. Podemos hacer esto entrenando al cerebro a pensar constantemente en pensamientos felices. Puede hacer de la felicidad un hábito haciendo cosas simples, como anotar al menos tres cosas positivas diariamente o buscando siempre ver lo bueno en cada situación.

4. Practique la Atención Plena

Cuando quiera ser más espiritual a través de la meditación, debe ser capaz de practicar la atención plena. Ser consciente significa tener una conciencia consciente de sus pensamientos, sentimientos y su entorno. Cuando pueda poner la atención plena en práctica, podrá concentrarse y disfrutar cada uno de los preciosos momentos de la vida.

5. Medite Diaramente

La meditación es considerada por muchos como el hábito más fundamental debido a su capacidad de cambiar radicalmente la vida de una persona para mejorarla. Muchas personas han ganado paz interior, una perspectiva más clara y han reducido significativamente su ansiedad debido a la meditación diaria. En el Capítulo anterior, aprendió que las personas que meditan pueden reducir significativamente su estrés, mejorar su sistema inmunológico y su salud en general. Además de estos beneficios, la Meditación Diaria puede ayudarlo a ser más consciente y experimentar un crecimiento espiritual que sea genuino y progresivo.

Al esforzarse por desarrollar y cultivar su espiritualidad, por lo tanto, se está moviendo hacia tener mayor alegría y felicidad en la vida. No importa quién sea usted o cuál sea su situación, nunca es demasiado tarde para mejorar su espiritualidad y experimentar el crecimiento a través de la meditación.

Capítulo 4: Meditación para Relajación

La meditación es una de las formas más efectivas para reducir el estrés y la ansiedad. Esto se debe a que, a través de la meditación, somos más capaces de ser conscientes de nuestros pensamientos y emociones. Tendemos a tener más control sobre nuestros sentimientos y no ser fácilmente abrumados por ellos. La meditación también puede ser un alivio instantáneo de su vida agitada y estresante porque, literalmente, requiere que se tome unos minutos para relajarse, normalizarse y resolver sus pensamientos.

Sentirse ansioso, preocupado o tenso de vez en cuando es aceptable, especialmente si una persona sabe cómo lidiar con estos sentimientos y manejar su ansiedad adecuadamente, pero muchos de nosotros luchamos para enfrentar el estrés que experimentamos todos los días. Tenga en cuenta que el estrés, a cierto nivel, es esencial para la supervivencia. Pero, cuando se vuelve crónico y abrumador, afectará en gran medida la calidad de su vida. Afortunadamente, existen muchas técnicas que pueden ayudarnos a enfrentar con eficacia la ansiedad. Puede usar la meditación para relajarse y aliviar su ansiedad. En lugar de tomar esa botella de cerveza o una tina de helado para la comodidad, pruebe estas sugerencias para ayudarlo a mantenerse tranquilo y relajado en situaciones estresantes:

1. Tome un poco de aire fresco

Cuando está estancado en una reunión prolongada y estresante o cuando sus nervios comienzan a sacar lo mejor de usted cuando está a punto de pronunciar un gran discurso, haga una pausa o detenga lo que esté haciendo y tómese unos minutos para usted. Es importante hacer una pausa por un tiempo cuando se sienta abrumado para poder calmarse y controlar su ansiedad. Tome un minuto o dos para cerrar los ojos y prestar atención a su respiración.

2. Practique Ejercicios de Respiración
Cuando se esté alejando unos minutos de una situación estresante, observe y sea más consciente de sus sentidos. Preste atención a su respiración al notar cómo fluye de dentro y fuera de su sistema sin problemas. Tome respiraciones profundas y lentas y enfoque su atención en pensamientos agradables. Inhale por la nariz y exhale por la boca.

3. Póngase cómodo
Estar en una posición en la que se sienta más cómodo. Puede sentarse con la espalda recta mientras cierra los ojos y respira lentamente. En la medida de lo posible, no se acueste porque podría quedarse dormido. Afloje la corbata, quítese los zapatos, afloje cualquier prenda de ropa que necesite para sentirse más tranquilo. Permanezca en un estado relajado durante unos minutos y se sentirá al instante refrescado para enfrentar el resto del día.

4. Cierre sus ojos y enfóquese en un objeto o escena
Mientras medita, concéntrese en pensar en un bello recuerdo, en la escena de su destino soñado o en un objeto que se encuentre a su alrededor. Cuando pueda tener un punto de enfoque, lo ayudará a mejorar su concentración y atención. Cuando se imagine en un lugar sereno y tranquilo, sus preocupaciones y

pensamientos ansiosos se desvanecerán lentamente.

5. Mejore su visualización

Un alivio instantáneo de una situación bastante estresante es la visualización. Mientras transporta su mente a un lugar tranquilo, asegúrese de utilizar todos sus sentidos para hacerlo lo más vívido y realista posible. Por ejemplo, puede retroceder en el tiempo y visitar su heladería favorita cuando era niño. Al ir a ese lugar feliz, note los pequeños detalles, camine lentamente, pruebe su helado de chocolate favorito con chispas y recuerde lo relajado y libre de estrés que estuvo durante esos años.

Como puede ver, puede usar muchas estrategias para aliviar el estrés. Puede relajarse en cualquier momento y en cualquier lugar, siempre y cuando practique los ejercicios de meditación que mejor se adapten a sus necesidades. Puede relajarse incluso si no está frente al televisor o se hace las uñas en el salón. Puede combatir el estrés cotidiano simplemente practicando estas técnicas de relajación.

Capítulo 5: Meditaciónpara Concentración y Visualización

Llamada meditación concentrativa, esta es una técnica única porque está diseñada para que usted se enfoque en un solo punto. El punto puede ser cualquier cosa que sea significativa para usted. Puede ser un objeto, una luz, un sonido, una palabra o tu propia respiración. De hecho, el objeto no necesariamente tiene que estar en el mundo exterior, puede ser un objeto visualizado dentro de su mente.

Tenga en cuenta que la meditación concentrativa es una técnica que generalmente se reserva para meditadores avanzados. Esto se debe a que se necesita una gran disciplina para poder sumergirse completamente en la experiencia del enfoque singular. Sin embargo, con la práctica, incluso los principiantes pueden experimentar la serenidad de este tipo de meditación.

Para comenzar, necesita lograr pequeños éxitos en lugar de aspirar a un gran logro. Entrene su mente para enfocarse. Elija el objeto de su enfoque. En este caso, puede comenzar con una vela encendida. Ponte en una habitación libre de distracciones. Eliminar cualquier fuente de ruido o luces parásitas. Asegúrese de que todos los dispositivos electrónicos estén en silencio. Programe esta meditación en un día relativamente libre. Cualquier tarea pendiente, tareas o plazos son causa de interrupción en la mente.

Ahora es el entrenamiento. Si eres un principiante, apúntese metas a corto plazo para lograr el enfoque durante 1 minuto entero. Esto puede parecer corto para usted, pero cuando este meditando, verá que la conciencia está cambiando a otro lugar. Su mente necesita ser capaz de estirar su paciencia y disciplina. Piense en su atención como un músculo que no se puede esperar que levante pesos pesados al comienzo del entrenamiento. En su lugar, debe comenzar con pesos más ligeros y progresar a pesos más y más pesados. Cuando los músculos se han roto, reparado y entrenado, es cuando se fortalece.

Lo mismo ocurre con el entrenamiento en meditación concentrativa. Necesita trabajar con pesos más ligeros o, en este caso, duraciones de concentración más cortas. Tome nota de las cualidades de la verdadera concentración concentrada. Todo su enfoque, facultades mentales y conciencia están totalmente centrados en el objeto del enfoque, no hay asociaciones, ni interpretaciones, ni otros pensamientos, aparte del objeto. Así de difícil es este tipo de meditación, pero con el entrenamiento lo logrará.

No se desanime cuando su mente se aleja del objeto. Incluso los meditadores experimentados tienen estas distracciones momentáneas durante la meditación. La marca de disciplina es no solo cuánto tiempo puede mantener la atención, sino también la eficiencia con la que puede recuperar su atención cuando su mente divaga.

Para ayudarlo a concentrarse, aquí hay algunas formas de guiar su mente durante la concentración, en este caso la vela encendida:

Concéntrese en la llama, mire los colores, la llama exterior que es naranja y luego roja. Muévase hacia la llama interior, que es más azul y más caliente. Mire cómo la mecha es negra y firme y está parada en el charco de cera. Observe cómo la llama parpadea y crea volutas de humo a medida que se mueve. Sienta el calor de la llama y deja que llene su mente y su cuerpo. Dese cuenta de que cuanto más enfocado esté en su concentración, más sereno se siente. No hay ruidos, ni vistas, ni luces, ni distracciones. Solo existe la llama y usted. Cuando sus ojos estén enfocados en la llama, observe cómo, de alguna manera, la llama se fusiona con su visión y su visión se fusiona con su mente y su mente con el resto de su cuerpo. Pronto se sentirá muy ligero como si fuera uno con la llama. Cuando parpadee, se balancee. Cuando crea ráfagas de humo, es usted quien exhala. Como está en la mecha, es usted sentado en el suelo. A medida que se expande, también expande su horizonte. A medida que se estrecha, se enfoca más en la llama. Ya no hay una distinción entre usted y la llama, su mente y la llama son una. Siente esta unidad con la llama que llena todo su ser. Sienta cuán completamente libre está su mente a pesar de estar restringido en su cuerpo físico.

Cuando note que su mente se está alejando de su enfoque y comienza a seguir ideas, asociaciones o pensamientos aleatorios, vuelva a concentrarse en su control. No lo tire bruscamente. En su lugar, hagalo con calma y suavidad. Al igual que un músculo que carga un peso, lo levanta lentamente, sus músculos se contraen hasta el punto del dolor, pero se relajan mientras se ajustan al resto. Hagalo de la misma manera para reenfocar.

Una vez que esté pensando en algo más que en la llama, vuelve a centrar su atención. ¿Cuáles fueron los pensamientos antes de que se desviase? La vela. ¿Dónde está ahora físicamente? En el suelo, con las piernas cruzadas y las palmas de las manos en las rodillas. ¿Dónde está ahora mentalmente? Centrándose en la vela. ¿Qué parte de la vela? La mecha. ¿Qué parte de la mecha? La llama. ¿En qué se está enfocando? La llama y sólo la llama.

Dese un minuto adicional por cada sesión de meditación concentrativa. A medida que avanza, su concentración muscular se vuelve más y más fuerte y se vuelve más paciente y más agudo que nunca. Pronto descubrirá que puede prolongar su concentración a horas hasta que ya no sea consciente de las horas o del tiempo.

Capítulo 6: Meditaciónpara Conciencia Plena y Exploración del Cuerpo

Una técnica meditativa asociada con la atención plena, esto es en cierto modo el opuesto directo del tipo concentrativo de la meditación. Mientras que la meditación concentrada tiene que ver con centrarse en un objeto y refrenar sus pensamientos mientras vagan hacia otra idea, la meditación de atención plena hace lo contrario. En atención plena, no solo no tiene ningún objeto de enfoque sino que también permite que su mente tenga pensamientos que divagan.

Antes de practicar la conciencia plena o meditación consciente, debe saber de qué se trata la conciencia plena. Ser consciente o tener conciencia tiene que ver con su capacidad de ser consciente del mundo interior que hay dentro de usted y del mundo exterior que le rodea. Es ser consciente de no solo los objetos físicos o aquellos que pueden ser vistos por sus ojos o sentidos por sus sentidos, sino también ser consciente de su cuerpo, el funcionamiento interno de su cuerpo, sus emociones y las situaciones que los desencadenan o no. y los pensamientos de todos los acontecimientos de la vida.

La necesidad de una conciencia plena comenzó con la idea de que las personas de hoy se están perdiendo ciertos detalles en sus vidas, lo que a su vez les impide vivir una vida plena. Esto se debe a que el mundo de hoy pone de relieve la capacidad de realizar múltiples tareas o hacer varias cosas al mismo tiempo, lo que a menudo se traduce en la difusión de su conciencia demasiado sobre muchas cosas para que termine sin experimentar nada en absoluto.

Por ejemplo, cuando usted almuerza en la oficina, puede estar revisando su correo electrónico, hablando con su colega y preparándose para una presentación en la tarde. Está haciendo tres cosas diferentes al mismo tiempo que almorzar. Como resultado, no se logra la saciedad que se supone que experimenta con el almuerzo. Termina comiendo más de lo que debería y el otro trabajo que está haciendo también sufre en calidad.

Esta es la razón por la cual la conciencia plena ha encontrado su aplicación no solo en la meditación, sino también en el control del peso y la salud, la gestión del tiempo y las tareas, el desarrollo profesional y otras aplicaciones contemporáneas. En el mismo ejemplo de almorzar, los estudios muestran que las personas que se enfocan en comer, prestan atención al sabor, la textura y el alimento que reciben de la comida tienen más probabilidades de sentirse satisfechos que aquellos que realizan múltiples tareas. Las personas que dedican unos minutos al día a la conciencia plena se sienten mejor.

La intención de la meditación consciente es permitirle experimentar cada pensamiento y experimentarlo al máximo. Permite que su conciencia impregne cada detalle de ese pensamiento hasta que lo haya explorado completamente hasta el más mínimo detalle. Tenga en cuenta que está desanimado por agregar opiniones, valores o juicios en el pensamiento.

Por ejemplo, sus pensamientos van a su lugar de trabajo. Al sumergir su conciencia con el pensamiento del lugar de trabajo, no se permita hacer juicios como que su jefe es demasiado exigente, su colega no vale nada o su producción carece de calidad. Solo se le anima a estar solo consciente de los pensamientos, nada más y nada menos. Sólo está destinado a saber que el pensamiento está ahí.

La esencia de la meditación consciente es que le ayudará a observar cómo observa. Imagínese a si mismo pensando en estos pensamientos, pero al mismo tiempo, se está desvinculando y observándose como piensa. La idea es ver cómo piensa. Cuando eres consciente de cómo piensa, más allá de lo que piensa, estás más cerca del estado de la meditación consciente. Cuando tenga estas observaciones objetivas y desapegadas, verá los patrones de sus pensamientos. ¿Cómo percibe las cosas? ¿Cómo valora a la gente? ¿Cómo asocia una persona, cosa o evento con otra cosa? ¿Cómo determina cuál es bueno y cuál es malo? ¿Cómo usa sus sentidos? ¿Prefiere ciertos sentidos sobre el otro? ¿Generalmente ignora las señales de audio o los escenarios y se concentra demasiado en las señales visuales? ¿Cuál es el ritmo de su pensamiento? ¿Es demasiado rápido para pasar por alto ciertas cosas o demasiado lento para perderse en los detalles y no poder avanzar? ¿Qué eventos activan qué estados de su mente? ¿Cómo se ve a si mismo, a sus seres queridos y conocidos? ¿Qué le hace feliz, triste, enojado o indiferente?

Recuerde, no esté haciendo juicios. Todo esto se trata

de observar sus pensamientos y permitirse observarse como piensa. Puede tomar prestado de las habilidades que has aprendido en la meditación concentrada cuando se pierdes al juzgar pensamientos. Cuando se encuentra a sí mismo formando opiniones, comparando un pensamiento con otro o haciendo y finalizando juicios, debe detenerse y controlar su conciencia de nuevo en un estado neutral de observación.

Tome nota, la meditación consciente no se limita a sentarse en una habitación con las piernas dobladas. Este tipo de meditación se puede hacer casi en cualquier lugar y en cualquier momento. Desde comer, hacer ejercicio, trabajar y realizar otras actividades, la meditación consciente puede abrir su conciencia y sumergirlo en la experiencia de eventos e ideas importantes de su vida a diario, pero de todos modos importantes.

Para probar la meditación consciente, puede utilizar el enfoque de un principiante, que es el clásico sentado solo en una habitación tranquila. Esta meditación no requiere la alteración de su respiración ya que todo el propósito de la atención plena es darle conciencia de su ser presente y de todas las acciones actuales. Respire como lo haría normalmente y no ponga ningún valor en la respiración ya que es bueno o malo. Luego deje que su mente divague. Lo más probable es que se encuentre con pensamientos sobre recuerdos, próximos eventos, películas, seres queridos o cualquier otro pensamiento aleatorio. No intente lograr una mente en blanco, recuerde que estos pensamientos son importantes, incluso aleatorios. Su objetivo es ser consciente, de nada más.

Capítulo 7: Meditación para la Transcendencia

Fundada por un gurú muy respetado, MaharishiMaheshYogi, la meditación trascendental o TM es una forma única de meditación. Para comprender la técnica de la TM, primero debe comprender los antecedentes de su fundador. Nacido en MaheshPrasadVarma, las circunstancias de su vida temprana aún son ampliamente debatidas porque tradicionalmente, cuando un niño entra como monje, todas las relaciones familiares se disuelven. Mahesh provenía de una familia de castas superiores y disfrutaba de los privilegios de la educación y el prestigio. Si bien los diferentes informes sugieren que estuvo empleado en varios roles, algunos dicen que fue un funcionario del gobierno, mientras que otros dicen que fue un educador, ninguno puede disputar su eventual discipulado con BrahmanandaSaraswati, otro gurú muy respetado de la época.

Tan pronto como entró en su papel de estudiante, cambió su nombre para reflejar su decisión de dejar la vida mundana y comenzar la vida como monje y perseguir la espiritualidad. Debido a su dedicación y lealtad, estaba escribiendo en nombre de su maestro y también haciendo discursos públicos sobre las enseñanzas del budismo. Antes de la muerte de su maestro y debido a que no podía heredar el papel de su maestro debido a que Mahesh era de una casta inferior a la del maestro, se le encomendó la tarea de difundir las enseñanzas meditativas al mundo.

Mahesh no solo difundió las enseñanzas sino que también lo hizo popular tanto en el mundo oriental como occidental. Fue a la India y allí comenzó un movimiento completo llamado Movimiento de Regeneración Espiritual. Obtuvo un sólido seguimiento entre la gente. De sus viajes en la India, recibió el título de Maharishi o gran sabio. El título pronto se convirtió en parte de su nombre en sus futuros viajes fuera de la India.

Mahesh viajó más por Asia, desde Birmania, a Tailandia, a Singapur e incluso llegó hasta Hawai. Cuando llegó a los Estados Unidos, se encontró con seguidores leales, en su mayoría de personas promedio, pero algunos miembros notables de un grupo poco probable, actores y actrices de Hollywood. También llegó a países europeos y oceánicos dando conferencias en varios salones y auditorios. De sus seguidores más famosos fueron los Beatles, a quienes lo consideraban su consejero espiritual. Hoy en día, MT es una de las formas de meditación más estudiadas y ha adquirido aplicación no solo entre los monjes en los templos, sino también entre los estudiantes de las universidades, los ejecutivos de las empresas y los funcionarios del gobierno. Los beneficios obtenidos de la MT se denominaron colectivamente el efecto Maharishi.

La MT se basa principalmente en mantras o en un sonido determinado. Se sugiere que la MT se practique diariamente durante al menos 20 minutos con los ojos cerrados. Tiene el propósito de brindarle una manera de aliviar el estrés, la ansiedad y brindarle relajación y crecimiento. Debido a que la MT es una meditación basada en mantras, a menudo se clasifica como perteneciente al tipo concentrativo de meditación. Sin embargo, el movimiento de la MT sugiere que la concentración no es vital y el objetivo es estar muy atento al mantra.

La MT comienza con la fase de eliminación de tensiones que acompaña a tomarse el tiempo para relajarse y, a la vez, emparejarla con la visualización. Puede esperar que su mente divague durante esta fase, pero esto es perfectamente normal. Sin embargo, necesitas restaurar tu atención al mantra.
No se requieren posiciones especiales para MT, pero debe cerrar los ojos mientras escucha o pronuncia su mantra elegido. Las palabras que elija actúan como su medio para degradar sus funciones mentales a un funcionamiento más simple y sereno. A medida que piensa o pronuncia las palabras, éstas entran en su conciencia hasta un punto en el que alcanzan las funciones cerebrales centrales. comienza con la fase de eliminación de tensiones que acompaña a tomarse el tiempo para relajarse y, a la vez, emparejarla con la visualización. Puede esperar que su mente divague durante esta fase, pero esto es perfectamente normal. Sin embargo, necesita restaurar su atención al mantra.
No se requieren posiciones especiales para TM, pero debe cerrar los ojos mientras escucha o pronuncia su mantra elegido. Las palabras que elija actúan como su medio para degradar sus funciones mentales a un

funcionamiento más simple y sereno. A medida que piensa o pronuncia las palabras, éstas entran en su conciencia hasta un punto en el que alcanzan las funciones cerebrales centrales.

Tome en cuenta que los mantras reales son secretos bien guardados y solo se transmiten de maestros reconocidos a estudiantes. El fundador ha desarrollado una variedad de mantras y existe un criterio estricto de cómo un estudiante debe recibir y usar un mantra específico. El nivel del estudiante generalmente determina la elección del mantra. A los principiantes o novatos a menudo se les da un conjunto de mantras que progresan gradualmente a partir de los efectos cada vez mayores de la relajación.

Además, el fundador advierte sobre el uso fortuito de los mantras. El nivel del profesional no solo determina cada mantra sino también por el fondo de su usuario. Por ejemplo, se supone que el mantra Om, que se dice que es usado por la MT pero también por otras técnicas meditativas, trae a una persona mayores sentimientos de aislamiento. Se dice que este mantra es útil para aquellos que prefieren la vida de un ermitaño o aquellos que prefieren estar separados de la sociedad. Un profesional que trabaja puede ser asignado de manera inapropiada al mantra Om y requeriría otro mantra para la MT.

Hay otras especulaciones sobre las opciones de mantra y cómo se relacionan con la persona que lo usaría. Algunas investigaciones dicen que no es el nivel en el que se basan, otros dicen que es el género, mientras que otros dicen que durante las etapas iniciales de la iniciación del estudiante, sus respuestas determinan el mantra.

Esta gran protección para los mantras se toma de la creencia de que las palabras cuando se pronuncian crean vibraciones y son estas vibraciones las que se consideran importantes en la MT. Como resultado, la MT se estudia de cerca en el campo de la eufonía y sugiere que no son las palabras del mantra las que lo hacen efectivo, sino los sonidos que produce cuando se habla.

La razón por la que se llama trascendental es porque a medida que un practicante obtiene acceso a mantras cada vez más poderosos, su mente se ejercita hacia niveles de conciencia más y más profundos. A medida que se accede a su mente subconsciente cada vez más, el practicante adquiere lentamente la capacidad de acceder al subconsciente durante un estado mental consciente. Se dice que cuando el subconsciente está en la capacidad de la mente consciente, la conciencia se expande.

Con la expansión de la conciencia, el practicante puede reducir todos los eventos y experiencias en sus formas más simples y sutiles hasta la fuente del pensamiento mismo. Cuando esto se logra, se dice que hay un estado interior de completo silencio que resulta en la trascendencia. Una persona pasa de varios niveles de conciencia durante la MT, de la vigilia, a soñar, a dormir, a la conciencia trascendental e incluso más allá, hacia los niveles de conciencia cósmicos de Dios y de unidad.

Capítulo 8: Meditaciónpara Cultivar Emociones Específicas

La meditación no es solo para expandir su conciencia, sino también para cultivar emociones específicas en su ser. El conocimiento general sugiere que las emociones son un producto de eventos y las emociones están fuera de su control. Este concepto erróneo a menudo se refleja en las palabras que siempre se usan con meditación, por ejemplo, "atrapado", "vencido", "caído" y otros similares verbos pasivos. Contrariamente al conocimiento popular, las emociones no solo están bajo su control, sino que también pueden cultivarse utilizando su voluntad.

La meditación de cultivo proviene de la idea de que las emociones están totalmente bajo su control, solo si sabe cómo tomar control de ellas y cultivarlas. La razón por la que se considera que están fuera de su control es porque puede que no esté consciente del proceso que provoca las emociones. Este es el secreto por el cual cultivar la meditaciónes posible, cuando usted es capaz de entender la verdadera naturaleza de la meditación, entonces puede tomar el control de sus emociones, en lugar de dejar que las emociones tomen el control de usted.

Antes de intentar usar la meditación para cultivar emociones, primero debe entender cómo se ven las emociones. Las emociones no son en realidad un conjunto de respuestas que nacen por costumbre o por el uso regular de una respuesta específica a un evento específico. Por ejemplo, si siempre se encuentra rodeado de personas que reaccionan con envidia hacia la suerte de otra persona, entonces, mientras más ve la envidia, más la siente y más responde con envidiaa la persona afortunada. Cuando se enfoca en esa persona, se siente el sentimiento de envidia. ¿Alguna vez ha estado en una situación similar?

Imagine lo contrario del ejemplo anterior. Las personas que le rodean que están agradecidas y tienen una perspectiva positiva en la vida. Ve la vida de una manera completamente diferente y, por ejemplo, ve a esa persona afortunada, no siente envidia sino tal vez alegría por la situación de otras personas. Como puede ver, son las condiciones las que le impulsan a sentirse de una manera determinada, pero imagine qué pasaría si pudiera crear la situación que provocaría la emoción. De esto se trata el cultivo.

La meditación de cultivo comienza con la aceptación de que, como usted, todas las personas son capaces de sentir emociones buenas o malas, pero cuando hay una opción, elegirán sentirse bien en lugar de mal. Cuando tenga esta creencia, continúe entendiendo que todas las personas, incluido usted, comparten un deseo común de evitar el sufrimiento y cumplir sus sueños. Cuando tenga esta concordancia, puede comenzar a ver el mundo, las personas y las emociones que siente desde otra perspectiva.

Cuando sabe que es como otras personas, que comparte los mismos sueños, puede comenzar a desarrollar un entendimiento para ellos. Entiende la razón por la que hacen y no hacen ciertas cosas. Esta comprensión es un concepto abstracto, pero cuando se materializa en sus acciones, se convierte en la emoción de la empatía. Cuando sabe que otras personas están sufriendo de la misma manera que usted, siente la emoción de la compasión. Cuando sabe que otras personas sienten alegría de la misma manera que usted, entonces siente la emoción de la felicidad.

Permítase meditar sobre estos pensamientos cuando esté tratando de cultivar un tipo específico o un conjunto de emociones. Si quiere ser feliz, medite en los pensamientos de cómo otras personas sienten alegría cuando pueden cumplir sus sueños y cuando pueden liberarse de su sufrimiento. Use la alegría que ellos sienten y úsela como suya. Al igual que ellos, usted puede ser alegre. Al igual que ellos, usted puede tener sus sueños cumplidos. Al igual que ellos, usted puede liberarse del sufrimiento. Cuando tenga estos pensamientos, entonces usted manifestará estas ideas en emociones, que en este caso implican ser feliz.

También puede crear emociones a través de la meditación mediante la visualización de eventos que crean las emociones deseadas. Por ejemplo, comience con sus preparaciones habituales de meditación. Ahora recuerda un evento que le ha traído la mayor felicidad en su vida. Mírese a si mismo en ese evento. ¿Cómo se mueve su cuerpo? ¿Como habla? ¿Cómo se ve su cara? ¿Qué pensamientos están pasando en su mente durante ese evento? Continúe enfocándose en su imagen durante la meditación y vea cómo fluye la felicidad de esa imagen hacia su cuerpo actual. Cuando permita que esos sentimientos se muevan hacia usted, comience a imaginarse a sí mismo de la misma manera en su estado actual.

La meditación de cultivo es una herramienta excelente y poderosa, especialmente en un mundo donde las emociones suelen ser el desencadenante de acciones positivas y negativas entre las personas. El potencial de esta meditación es tan grande que se cree que el mismo Buda ha dado una enseñanza muy específica sobre el uso de la meditación de cultivación. Completamente traducida al inglés, es la enseñanza que se puede encontrar en este link.

Para aquellos de ustedes que no pueden acceder al enlace, el enlace está escrito en su totalidad para que pueda escribirlo en su navegador.
http://www.wildmind.org/metta/introduction/metta-prayer

Capítulo 9: Meditaciónpara Autosanación

Bloqueada dentro de los límites de su cuerpo está su extraordinaria capacidad para curarse a sí mismo. El cuerpo está siempre en un estado de tratar constantemente de equilibrarse.

Si hay problemas de salud, existen mecanismos para tratar de solucionar el problema, corregirlos y devolver al cuerpo a un estado normal e ideal. Sin embargo, estos mecanismos de autocuración se debilitan con el tiempo. Notará esto cuando compare situaciones de salud anteriores. Tal vez se pregunte por qué a veces le resulta fácil recuperarse de un problema de salud inminente y en algunas situaciones, la enfermedad se apodera de su cuerpo con mayor vigor.

La razón detrás de estos cambios es que el mecanismo de autocuración se está desmoronando. Ya no puede funcionar a su máxima capacidad para regular su salud y combatir cualquier infección, herida, enfermedad o desequilibrio en el cuerpo. Por lo general, se le atribuye al estrés como el culpable de debilitar el mecanismo de autocuración. Cuando los factores estresantes diarios bombardean constantemente su mente, el mecanismo casi se frena hasta detenerse. Cuando esto sucede, su cuerpo queda vulnerable a diversos tipos de enfermedades.

Combatir el estrés es, por lo tanto, una de las mejores maneras de comenzar a reactivar el mecanismo y el primer paso que debe tomar para lograr la autocuración es tomar conciencia de su potencial.

Cuanto más consciente esté de la capacidad natural del cuerpo para curarlo, más conciencia tendrá en cada célula del cuerpo. Cuando cada fibra de su ser se controla mentalmente en el modo de autocuración, su sistema inmunológico, su regeneración celular y todos los mecanismos encargados de proteger su cuerpo y también de curarlo en caso de que las enfermedades se vuelvan más activos.

Antes de someterse a las técnicas de meditación para la autocuración, es importante comprender cómo la meditación considera las enfermedades y también la salud. En esta perspectiva, la salud no solo es importante físicamente sino también mentalmente. Se cree que solo cuando la mente está en calma y consciente puede usarse el mecanismo de autocuración del cuerpo para señalar y enfocar la cura en puntos específicos del cuerpo. El crecimiento físico y mental solo es posible cuando la mente está sana.

Esto significa que para lograr la calma física o el equilibrio, primero debe haber calma mental. Solo cuando tu mente está en calma, estable y consciente puede llevar al ser a la salud total. Tenga en cuenta que cuando los practicantes usan la palabra salud, no se limitan al concepto tradicional de salud como un cuerpo libre de enfermedades. La salud en su sentido más completo sugiere la ausencia de enfermedad y el mantenimiento del equilibrio tanto en el cuerpo como en la mente. Así como el cuerpo físico puede afectar el aspecto mental de la persona, lo contrario también es cierto. Su estado de ánimo también puede afectar tu estado de cuerpo.

Aquí es donde se puede encontrar el secreto de la autocuración. El vínculo entre la mente y el cuerpo es la conciencia. Así es como la mente puede hacer que el cuerpo active sus mecanismos de autocuración. No se trata de tener los mecanismos porque esos ya están dentro de ti. En cambio, es una cuestión de hacer que su mente se dé cuenta de que es la clave para activar los mecanismos y hacer que una vez más sea útil para el cuerpo.

Otro concepto que necesita aprender es la idea del *prana* que puede traducirse como la energía vital. Las diferentes culturas tienen diferentes nombres para esta energía. Algunos lo llaman *chakra*, otros lo llaman *chi*, algunos dicen que se manifiesta en auras y otros simplemente lo conocen como la fuerza vital de la persona. *Prana* o como quiera llamarlo es la base de la salud y el bienestar de la persona. *Prana* es la energía que determina la salud del cuerpo y la mente.

Cuanto más *prana* tenga, mejor será su cuerpo. Siente más energía, está más motivado y está más alerta. Usted está más sano y más protegido de la enfermedad. Cuanto menos *prana* tenga, más débil se vuelve, más desmotivado se vuelve y más desatento responde a la vida cotidiana. Tome nota que el *prana* no está necesariamente limitado solo a su cuerpo. En la creencia hindú, el *prana* representa la suma total de toda la energía en el universo, tanto de los objetos vivos como de los no vivos. Esto significa que durante su meditación de autocuración no solo confía en las energías internas para curarse asi mismo, sino que también puede aprovechar el depósito de energía en el universo para sanar su cuerpo.

Ahora que es consciente del poder y la capacidad del cuerpo para autocurarse y de las energías que puede reunir, está listo para comenzar su meditación de autocuración. Comience por asumir su postura meditativa preferida. Si bien puede tomar cualquier posición, para la autocuración, lo mejor es hacerlo mientras está acostado en una superficie plana. Si tiene una cama con grumos, puede considerar una alfombra para apoyar mejor su cuerpo.

A continuación, debe centrarse en el área que desea curar. Esto es lo que hace que la auto curación sea única en comparación con otras técnicas. Mientras está en otra meditación, o bien se está concentrando en un objeto para que pueda alcanzar la conciencia o se le permita explorar sus pensamientos a medida que entran en su conciencia, en la auto curación de la meditación hay una diferencia.

Use su conciencia y combinela con una intención de curación. Use su conocimiento combinado con su conciencia para dirigir su cuerpo hacia la curación. A diferencia de un meditador pasivo, asuma un papel más activo en esta técnica. Para lograr esto, puede utilizar la técnica de visualización. Hay varias formas de aplicar la técnica de visualización; el modo general o específico.

De manera específica, ya está teniendo un problema de salud que desea abordar. Por ejemplo, usted tiene un dolor en el área de su estómago. Use la técnica de visualización para visualizar el área de su estómago en su mente. Sienta el estómago y su forma, imagine los vasos sanguíneos a medida que transportan nutrientes hacia su estómago. Imagine el área donde se encuentra el dolor y la sangre la infundirá con más energía para repararse a sí mismo. Sienta el dolor a medida que cede lentamente. No habrá desaparecido por completo, pero sentirá alivio.

De manera general, es posible que no tenga que resolver ningún problema o que esté buscando algo que le aflije, pero que no puede identificarlo. Permita que el proceso de visualización lo guíe donde está el problema de salud o donde usted es más vulnerable para desarrollar una enfermedad. Imagine cada parte de su cuerpo, sígala con un escáner corporal. Sienta cada parte de su cuerpo y permítase sutilmente que su conciencia lo dirija hacia el área que necesita atención. Sienta la energía vital que recorre su cuerpo. Comience con su cabeza, su cuello, sus hombros, su pecho, su ingle, sus brazos izquierdo y derecho, sus piernas izquierda y derecha y sus pies izquierdo y derecho. Conceda a cada parte al menos 10 a 20 segundos de enfoque, deseando que su *prana* infunda cada parte.

Recuerde, la meditación para la autocuración no pretende reemplazar ninguna receta o tratamiento médico que esté recibiendo en este momento. La meditación es más una solución complementaria a sus necesidades de salud. Si planea utilizar la meditación autocurativa como sustituto o como alternativa a sus requisitos de salud, consulte a su médico.

Capítulo 10: Meditación Usando Vipassana

Vipassana, o traducido aproximadamente como, ver las cosas como realmente son, es posiblemente una de las técnicas más viejas y antiguas de la meditación. Por lo general, se la denomina técnica para lograr una visión de la realidad real y superar las ilusiones del mundo actual. Enseñado por el mismo Buda a sus seguidores, se transmitió de maestro a alumno hasta que se convirtió en el movimiento Vipassana. Desconocido para muchos, el movimiento moderno de atención plena se remonta al movimiento Vipassana.

La meditación Vipassana se centra en la conciencia de cuatro actividades humanas principales; respiración, pensamientos o ideas, sentimientos o emociones y acciones. Mientras está bajo esta conciencia, la meditación también se utiliza para centrarse en los conceptos de cómo el mundo es impermanente, cómo lograr una visión y cómo algunos eventos crean dolor y sufrimiento.

Si bien existen diferentes aplicaciones tanto de Vipassana antigua como de atención moderna, hay etapas que son similares en todas las aplicaciones. El primer paso es la exploración del cuerpo, aquí se centrará en cómo comienzan y terminan las partes del cuerpo. Se trata de realizar diversos fenómenos como impermanentes. Nada realmente dura para siempre, los eventos aparecen y desaparecen y dejan de existir. Incluso para los meditadores expertos, esta realización puede ser difícil y requerirá práctica y esfuerzo antes de que se pueda lograr por completo.

A medida que avanza hacia la segunda etapa, gradualmente se acostumbrará al enfoque requerido de la atención plena. A medida que adquiera más y más experiencia y disciplina, el esfuerzo que una vez ejerció para lograr la exploración desaparecerá. Será más fácil hasta el punto de que se convertirá en una segunda naturaleza para usted. Después de esta etapa, pronto experimentará solo el enfoque y la felicidad de la meditación. La etapa final es la de la conciencia pura y el enfoque. No hay más distracciones, no se necesita más esfuerzo ni más suposiciones falsas de la realidad. Lo único que queda es su acceso al conocimiento puro y la verdadera realización de la realidad. Eventualmente, esto le llevará a la libertad de su mente.

A través de este tipo de meditación, es capaz de transformarse. A medida que persigue su observación de si mismo, puede encontrar el vínculo entre su estado físico y su estado mental. A medida que se vuelva más disciplinado en su enfoque en las sensaciones que siente al usar su mente, podrá filtrar aquellas que solo son esenciales en su mente. Su conciencia, a medida que madura, se volverá más y más disciplinada hasta el punto de que puede eliminar cualquier distracción o impureza en su mente y conciencia.

Existen diferentes métodos para lograr el estilo de vida Vipassana y es uno de los más rigurosos. Si bien las recompensas al final del viaje son realmente grandes, hay muchos sacrificios que deben hacerse. Diferentes escuelas y tradiciones tienen diferentes recomendaciones sobre cómo realizar la meditación y cómo prepararse para ello.

Por ejemplo, una variación recomienda un estricto código de disciplina que debe observarse dentro de un período de 10 días. Durante estos días, hay un período de abstinencia. Se desalienta cualquier forma de alcohol, vicio, robo, actividad sexual y asesinato. Esto está destinado a mantener la mente pura y libre de distracciones para que la persona sea más receptiva a las enseñanzas. La siguiente es la etapa donde se requiere que los estudiantes entrenen sus mentes para desarrollar la conciencia. Aquí es donde se observan las técnicas de respiración. Esta es una fase preparatoria en las etapas sucesivas de la capacitación.

La tercera fase involucra el verdadero método; Vipassana. Con la persona libre de distracciones y con los músculos de su conciencia entrenados y listos para el siguiente nivel de ejercicios, ahora se observan sensaciones en todas las partes del cuerpo. Para cada sensación que se siente, se espera que la persona reaccione de manera neutral, sin opinión y sin asociación, solo la sensación en sí misma. La etapa final es una reunión de todos aquellos que han aprendido las etapas y compartir entre sí sus lecciones.

Para comenzar su meditación Vipassana, comience con algunos ejercicios de respiración mientras está descansando cómodamente en una posición sentado. Use su respiración para guiarse en el desarrollo de su conciencia. Sienta el aire a medida que entra por sus fosas nasales, a través de sus pulmones y al resto de su cuerpo. Sienta como sale de su cuerpo a través de su boca y sus labios. Cuando sienta que se mueve alrededor de su cuerpo, use esta sensibilidad aumentada para guiarle en los pasos siguientes.

Declare afirmaciones positivas de su parte, puede decir: "Que sea feliz y libre". Cualquier declaración que desee su felicidad, salud y crecimiento servirá para este ejercicio. Es importante que antes de ingresar a la meditación Vipassana, realmente crea que su vida puede ser feliz y que puede tener libertad.

A continuación, debe buscar para su mente donde su verdadera felicidad pueda encontrarse y qué es, en primer lugar. Tenga en cuenta que durante su viaje, puede pensar que la felicidad se puede encontrar en los recuerdos del pasado. Se dará cuenta de que esto no es así porque el pasado ya se ha ido y la verdadera felicidad no se puede encontrar en los recuerdos. A continuación, puede intentar encontrar la felicidad en el futuro, en el cumplimiento de sus planes o sueños. Una vez más, verá que la verdadera felicidad no está en el futuro, porque el futuro aún está por llegar.

Lo único que queda ahora que puede ser la fuente de la verdadera felicidad, es el presente. Ahora que se está acercando a encontrar lo que está buscando, el siguiente paso es mirar más profundamente. Empiece a identificar sus fuentes de felicidad. Cuidado: El dinero, las casas, los automóviles, las joyas, las relaciones y las personas no son fuentes de verdadera felicidad. Son impermanentes, vendrán y se irán. Tiene que buscar aún más profundo. La verdadera fuente de la felicidad es algo que está libre de dolor, sufrimiento y muerte.

La búsqueda puede ser ayudada por el uso de herramientas, la meditación es una de ellas y la afirmación positiva es otra. Otra herramienta es, propagar esta afirmación y expresar este estado mental a las personas que lo rodean. Por ejemplo, si está buscando la verdadera felicidad, entonces, durante sus momentos de vigilia, tratar de difundir la buena voluntad entre las personas que le rodean, independientemente de quiénes sean en su vida. Esto significa que debe dejar de lado los rencores y otros pensamientos negativos que solo cargan su relación.

Una vez que la mente está despejada de estas negatividades y llena de afirmaciones positivas, su mente está preparada para encontrar la verdadera felicidad. Puede avanzar más con sus ejercicios de respiración y despejar su mente para la búsqueda hasta que llegue a su percepción.

Capítulo 11: Meditación en Movimiento Tai Chi

Generalmente asociado como un arte marcial, el Tai Chi puede rastrear sus raíces con influencias de los principios de la meditación. Originalmente utilizado como un arte marcial para la defensa y la mejora de la salud y, por supuesto, de la conciencia mental, esta es también una forma de meditación. La gran influencia de la meditación en este arte marcial se remonta a sus fundadores, que se dice que son monjes budistas o taoístas. Si bien el tema de sus fundadores y otras circunstancias de sus orígenes aún son ampliamente debatidos, nadie puede cuestionar la calma mental y la fuerza física que el Tai Chi puede proporcionar.

El Tai Chi tiene diferentes estilos. Se reconocen ahora al menos 5 estilos y se asocian con la familia que fundó y modificó la práctica original para satisfacer sus necesidades y preferencias. Por supuesto, a medida que el Tai Chi ha progresado y ampliado su alcance a diferentes usuarios, hay más variaciones ahora. Aparte de su uso como deporte, el Tai Chi también encontró su camino en varios entornos de atención médica en todo el mundo.

Por ejemplo, las clínicas y los hospitales han estado enseñando regularmente los principios del Tai Chi a sus pacientes. El gobierno ha abierto centros de Tai Chi orientados a los miembros mayores de la sociedad. Además, el Tai Chi todavía se está utilizando como deporte. Las muchas variaciones del deporte causaron su explosión hacia la aceptación en el mundo occidental.

Aparte de la salud física, la defensa y el deporte, el Tai Chi también se utiliza como una forma de meditación en movimiento. La idea detrás de su uso radica en el concepto de energía. Se cree que a través del uso del movimiento, las energías fluyen libremente y también son atraídas hacia el cuerpo. Los patrones de movimiento se repiten hasta que se alcanzan nuevos niveles de conciencia en cada repetición del movimiento.

Otra razón por la cual el Tai Chi también es beneficioso como ejercicio de meditación es debido a los patrones de respiración que se incorporan al movimiento. Por ejemplo, cada posición o movimiento requiere un componente de respiración correspondiente para aumentar las propiedades relajantes del ejercicio. Cuando se hace esto, el Tai Chi se convierte en una experiencia verdaderamente meditativa que se centra en el movimiento para lograr una mayor conciencia.

Hoy en día, el Tai Chi se practica en todo el mundo y ya no se limita a los ancianos en el parque. La práctica se realiza en escuelas, hospitales y otras instalaciones similares que fomentan la salud y el bienestar. Se ha encontrado que tiene resultados como la mejora de la salud, el alivio del estrés además de su beneficio como técnica de meditación.

Hay varias formas de realizar Tai Chi. Una de las más básicas es la técnica de pie. Primero, párese en el suelo con los pies separados al ancho de los hombros. Doble las rodillas ligeramente y levante los dedos de los pies para que apunten hacia su cabeza. Sosténga la cabeza hacia arriba y arrugue los hombros y relájase.

Inhale y exhale respirando profundamente. Cierre los ojos y repita el patrón de respiración hasta que se sienta tranquilo y relajado. El siguiente paso implica que se concentre en el área hacia sus pies. Sienta cómo sus pies están firmemente plantados en el suelo. Sienta la conexión que ha establecido. No hay separación entre sus pies y el suelo, sus pies son como las raíces de los árboles que extraen energía del suelo.

Cuando inhale, puede imaginar en su mente las energías extraídas de la vasta reserva de energía de la tierra. Deje que la energía que ha dibujado infunda su cuerpo con energías positivas. Úselo para limpiarse de las negatividades y motivarse hacia las acciones y el progreso. Mientras use la energía, permítale una vez más regresar a la tierra. Al exhalar, también se purga de negatividades.

Este primer y básico paso se llama enraizamiento y es la base de otras posiciones de Tai Chi. Casi todas las posiciones comienzan con esta rutina de pararse en el suelo, plantando ambos pies y luego extrayendo energías del suelo. Cuando se haya arraigado, puede moverse más lejos a su primera posición de Tai Chi.

Levante lentamente el talón izquierdo y mantenga los dedos de los pies en el suelo. Doble la rodilla izquierda ligeramente para acomodar el talón levantado. Baje la cintura ligeramente y permita que la otra rodilla se doble. Luego, levante su brazo izquierdo y lleve su palma hacia la parte frontal de su estómago. Mantenga su palma izquierda apretada en un puño. Para su brazo derecho, levántelo de manera que su palma derecha esté al nivel de sus ojos. Mantenga esta palma abierta. Mantenga la posición durante unos segundos y luego invierta el movimiento para devolver el cuerpo a la posición de pie.

Cuando se mueva para alcanzar esta posición, asegúrese de hacerlo lentamente. Al tomar la posición, enfoque su atención desde el pie hasta la punta de su cuero cabelludo. Desde los dedos de los pies que tocan el suelo, las plantas de los pies, las piernas y las rodillas y la cintura, puede moverse hacia el estómago, el pecho, los brazos, el cuello y hasta la cabeza. Permítase influir, esto demuestra que ya se encuentra en un estado relajado porque aún mantiene el equilibrio.
Es digno de notar que a pesar del lento movimiento del Tai Chi, en realidad quema calorías, esto significa que, aparte de sus beneficios meditativos, también puede usarse como una forma de controlar su peso y mejorar su salud. El Tai Chi también se considera un ejercicio de bajo impacto que puede ser apropiado para practicantes de edad avanzada o mujeres embarazadas. Mientras no tenga problemas en las articulaciones, fracturas y dolor de espalda, el Tai Chi generalmente es seguro.
El Tai Chi tiene un impresionante historial de investigación médica para demostrar sus beneficios contra problemas de salud menores y mayores. Algunas de estas enfermedades incluyen artritis, enfermedad cardíaca, disminución de la densidad ósea, insomnio y se usa como terapia para pacientes con accidente

cerebrovascular.

Capítulo 12: Meditación en Movimiento - Caminar

Caminar es posiblemente una de las actividades más mundanas y tomadas por sentado. Es una acción ordinaria que ni siquiera se piensa en absoluto como una actividad. Se piensa que es algo automático y se dará cuenta de que cuando camina, ni siquiera piensa en caminar, es algo natural para usted. Puede sorprenderle que esta actividad simple le pueda ofrecer grandes beneficios, ya que se puede usar como una técnica de meditación en sí misma.

La meditación en movimientoes una rama de la escuela de atención plena de la meditación. Los mismos principios se aplican al igual que con otras actividades realizadas de manera consciente. En la alimentación consciente, usted toma su comida como es. No hay teléfonos para mirar, no hay periódicos para leer, no hay televisión para mirar y no hay nadie con quien hablar durante la comida. Simplemente come la comida, nada más y nada menos. Saborea cada bocado, cada textura y cada sabor.

Este es el mismo principio que debe aplicar para lograr esta técnica con éxito. Si bien se denomina meditación en movimiento, puede referirse a cualquier tipo de movimiento. Cuando se aplica a caminar, observa cada paso y se enfoca de la manera más consciente. Sienta cada paso y aliento que toma. Debido a que su naturaleza tiene que ver con el movimiento y la conciencia, esto significa que la meditación para caminar se puede hacer en casi cualquier lugar. Ya sea que vaya a la oficina, vaya al centro o al parque, intente caminar meditando. Como debe saber, la meditación no siempre requiere una habitación tranquila donde esté solo y con incienso o música. Esta es la misma forma de caminar, puede elegir una ruta a pie que sea tranquila o incluso una calle concurrida.

Si bien puede disfrutar de los beneficios de caminar en cualquier lugar, si es un principiante, se recomienda que primero elija un camino lo más tranquilo posible. Necesita minimizar tantas distracciones como sea posible para entrar en ese estado consciente. Nuevamente, cualquier lugar puede ser usado como una ruta, pero con el fin de aprender o disciplinarse a si mismo para caminar, es mejor que comience con rutas para principiantes.

Nuevamente, no necesita usar nada especial para probar caminar. Sin embargo, se recomienda que use ropa holgada y zapatos cómodos para mantener su mente neutral y evitar la incomodidad de la ropa apretada o los zapatos pesados o altos. Recuerde, además de la caminata, también debe vigilar la respiración como parte del ejercicio de meditación.

Comience su primer paso, tómelo lo más despacio posible. Sienta las rodillas en sus piernas mientras se doblan y se extienden. Observe cada hueso en su pierna, ya que apoya al resto de su cuerpo en la posición que está tomando. Tan pronto como las plantas de sus pies descansen en el suelo, sienta el peso de su cuerpo mientras los pies lo apoyan. Sienta el suelo con sus pies, aprecie cada golpe y grieta que sienta en la planta del pie, ya que siente el suelo debajo de usted.

De el siguiente paso adelante. Manténga su ritmo lento. No hay prisa, no tiene prisa por llegar a un destino, por completar un recado o por completar una ruta, simplemente está allí dando un paso y otro, de forma lenta, relajada y tranquila. Está en silencio, su mente y su cuerpo solo son conscientes del paso que da. No hay viento, no hay luz deslumbrante y no hay nadie que le distraiga. Solo es usted, el paso y la caminata.

A medida que libere su mente de todas las distracciones, deje de lado la ansiedad, el estrés o la preocupación que está llevando consigo. Así como el viento, la luz y otras cosas son solo distracciones que ha dejado ir, puede hacerlo también con estos factores estresantes en su vida. Libérelos de su mente y maravíllese con la paz que está sintiendo lentamente mientras está dando un paso hacia otro.

Mueva sus pies, uno hacia el otro, repita el patrón. Lenta, segura, silenciosa y pacíficamente. Sienta el patrón que está utilizando. Use la misma forma en que observa la forma en que respira durante los ejercicios de respiración meditativos, pero esta vez al caminar. Sienta como su cuerpo se mueve, el músculo se contrae y relaja. Sienta el movimiento. Sienta el momento.

Visualice cada paso que toma como algo que le brinda alegría, paz y esperanza. Si desea asociar este movimiento que está tomando, se dice que el mismo Buda, cuando dio sus primeros pasos después de nacer o después de alcanzar la Iluminación con cada paso que dejó, una flor de loto floreció en el lugar. Utilice esta visual como su guía, a cada paso que tome, eliminará los dolores y el sufrimiento de su mente. Cada paso que da solo produce conciencia y paz. Pronto notará que ya no está tomando un camino o siguiendo el camino que tenía previsto tomar.

La meditación en movimiento está completamente desprovista de intención u objetivo. No está caminando, así que puede ir a alguna parte, no está caminando, así que puede hacer ejercicio y a medida que avanza, ya no está caminando, así que puede meditar. Está caminando solo por el hecho de caminar y está en plena conciencia de tener una mente llena de nada más que paz.

A medida que se mueva, pronto desarrollará ideas. Cada persona tendrá una visión diferente cuando camina. Algunos se dan cuenta de que su vida se trata de estar en el momento. Así como siente cada paso que da, lo mismo vale para la vida. En el momento en que su otro pie abandona el suelo, es su otro pie el que ahora está parado en el suelo. Ese es el presente. Esto es lo mismo para la vida, la vida está en el momento. No hay vida en el pasado, simplemente porque ese tiempo ha terminado y ahora está en el tiempo actual. No tiene sentido detenerse en el pasado o enfocar su conciencia en cosas que ya se han ido.

De la misma manera, si no concentra su atención en el pasado, también se dará cuenta de que no puede concentrarse en el futuro. No tiene forma de estar alerta o consciente del próximo paso que dará porque aún no ha ocurrido. Cuando se enfoca en el presente, puede dejar de preocuparse por el futuro porque sabe que, independientemente de cuántas horas o días trate de anticipar y controlar el futuro, solo el presente está bajo su control.

Permita que cada paso que tome se convierta en un símbolo de dejar ir los arrepentimientos del pasado y las preocupaciones por el futuro. Cada paso es vivir el momento y aprovechar al máximo.

Capítulo 13: Suministros para la Meditación

Si bien estos suministros no son esenciales para practicar la meditación, la mayoría de los meditadores utilizan algunos de ellos para crear un entorno más propicio que se ajuste a sus necesidades. Cada persona tiene un entorno único que les facilita alcanzar el estado meditativo o ignorar las distracciones. Esta sección le presentará los suministros de meditación y le mostrará sus opciones en caso de que necesite suministros para su meditación.

Vestimenta, Mat &Lugar
Como mínimo, puedevestir ropa cotidiana para la meditación. Tiene que elegir bien lo que usa porque quiere tener la mayor libertad de movimiento posible. Esto tiene la intención de dar a sus ejercicios de respiración la libertad que requieren para expandir sus pulmones, elevar sus hombros y otros movimientos no restrictivos.

Si prefiere usar ropa que esté estrechamente asociada con la meditación, tiene varias opciones. Comenzando con un chal o manta de rezo. Esta es una capa de gran tamaño que puede colocar alrededor de todo su cuerpo para brindarle el calor necesario y, al mismo tiempo, la libertad de movimiento. Para los hombres sus opciones son simples camisas blancas que son holgadas y con mangas. Están hechos de una variedad de materiales que permiten que se enfríe el aire suficiente. Para las mujeres, también puede tener las mismas camisas pero con un corte más femenino. Otro popularartículo es el pantalón blanco, hecho de tela elástica. Hoy en día, las mujeres también se ponen tops y pantalones de Kundalini.

También hay superficies que puede utilizar para alcanzar sus posiciones. Algunas incluyen cojines redondos y tapetes planos. Si bien estos son importantes para que se sienta cómodo, solo están destinados a mantenerlo lo más relajado posible. Cuando elija entre una variedad de cojines, intente alejarse de los cojines que son demasiado cómodos. Elija solo aquellos que ofrecen la capa necesaria entre un piso duro y usted. Si el cojín es demasiado cómodo, corre el riesgo de quedarse dormido.

Los bancos también pueden ser una mejor alternativa a solo cojines; le brindan el apoyo que necesita sin necesariamente ser demasiado cómodo. Además, estos bancos le permiten alcanzar ciertas posiciones que pueden ser demasiado incómodas cuando se realiza durante períodos prolongados. Por ejemplo, si su postura de meditación requiere que usted se siente en sus piernas dobladas, entonces necesita un banco para evitar que el peso de su cuerpo presione sus muslos. Un banco permitirá que sus pies se plieguen cómodamente en una ranura debajo de la superficie real donde está sentado.

Su lugar también puede ser el sitio para enfocar sus objetos. Hay diferentes objetos que puede usar. Uno de los habituales es un altar donde se pueden colocar estatuas de Buda y otras figuras veneradas en los círculos del budismo y la meditación. En este altar también se pueden colocar cuencos que puede llenar con arroz, flores y otros regalos. Nuevamente, tenga en cuenta que el altar no es similar a los altares de otras religiones. Solo está destinado a ser utilizado como un lugar para enfocar su atención y no para adorar a las deidades como con otros altares.

Para hacer que su sala de meditación sea aún más especial, puede incluir muebles. Los más comunes son las pantallas que se pueden usar para brindarle un mejor espacio para la privacidad y un área más especial que puede usar. También hay banderas de oración, pancartas y otros accesorios que puede colgar alrededor de la pared. Para ventanas que son demasiado brillantes, también puede agregar cortinas con diferentes diseños orientales.

Las velas también son importantes, no solo como objetos de enfoque, sino también como una manera de hacer que el ambiente sea más relajante. La luz blanca de las bombillas es muy dura para los ojos y solo puede distraerte durante tu meditación. Las velas que a menudo son débiles pero que aún proporcionan luz visible pueden hacer que la habitación sea más relajante. Las lámparas también son alternativas.

Otros artículos que puede agregar son gongs y tazones. Recuerde que el sonido tiene una importancia particular en la meditación y estos elementos producen patrones de sonido únicos que pueden crear un ambiente contemplativo para los oyentes. Los gongs generalmente se usan como parte de una meditación grupal, a menudo se usan para señalar el comienzo o el final de una meditación. También se utiliza para establecer el tono o el ritmo que prescribe el profesor. Por ejemplo, a cada sonido del gong se supone que debe respirar y al siguiente sonido es una señal para exhalar.

Los tazones de meditación no son los tazones habituales que se utilizan como recipientes. Llamados cuencos cantores, estos cuencos vienen con una varilla metálica gruesa. Esta varilla se sujeta con las manos y luego la punta se hace deslizar alrededor del borde del tazón. Cuando la barra entra en contacto con el borde, se produce un sonido distintivo. El sonido es muy suave y calmante; puede ayudar a su meditación. Otros elementos similares que se utilizan para producir efectos son los platillos llamados *tingsha*. Estos son instrumentos que se usan generalmente para cantos, canciones y otras ceremonias. Se cree que el sonido purifica un área para ayudar a la mente a enfocarse más en la meditación.

Aceites, Incenso& Esencias

Los aceites esenciales son otra adición interesante a su sala de meditación. Cada olor está asociado a una cierta emoción. Se cree que estos aromas tienen la capacidad de desencadenar una amplia gama de pensamientos, emociones y sentimientos. El incienso también tiene el efecto calmante que hace que la meditación sea más fácil que hacerlo sin ninguno de estos suministros. Si bien es completamente opcional, puede comprar estos inciensos y agregar otro grado de calma a su habitación. Los tazones, donde se puede colocar el incienso, también se pueden usar para que la ceniza no ensucie su habitación.

Por ejemplo, los aceites esenciales que comúnmente se asocian con el alivio del estrés y la relajación son los aromas de vainilla, lavanda y romero. La idea detrás de la propiedad relajante de la vainilla es que su olor es similar al de la leche materna, lo que fomenta una sensación de protección y seguridad. Cada vez que la mente detecta el olor, desencadena los recuerdos de la misma calma.

La lavanda es otro aceite esencial que puede considerar. Notará que la mayoría de los productos que sugieren que tienen propiedades relajantes casi siempre tienen un aroma o un ingrediente que es la lavanda. Se dice que es potente para aliviar los problemas del sueño, como el insomnio, la inquietud y otros problemas de salud similares.

Finalmente, se dice que el romero es el mejor para mejorar su capacidad de concentración. Aumenta su enfoque y su atención y también relaja la mente. Este es uno de los mejores aromas para elegir cuando está utilizando una técnica de meditación que requiere concentración total.

Recuerde observar las precauciones de seguridad durante el uso de estos aceites. Los aceites esenciales, en su forma más pura, son muy inflamables e irritantes para la piel. Asegúrese de comprar quemadores y aceites portadores para diluir la potencia y al mismo tiempo liberar el aroma de los aceites.

Música Ambiental&Guías de Audio

La música también se puede reproducir durante la meditación. En lugar de canciones, himnos o cualquier cosa con palabras, la música que se usa generalmente proporciona música ambiental o de fondo tomada de acontecimientos naturales en la naturaleza. Por ejemplo, si se siente cómodo con el sonido de las olas que caen suavemente en cascada en la playa, simplemente puede utilizar este tipo de música durante su meditación.

Hay diferentes tipos de música ambiental disponible. Mientras que algunos se pueden comprar, también puede transmitir videos gratis. Sus opciones son amplias, desde sonidos del océano, grillos, gotas de agua, lluvias suaves, pájaros que cantan, cascadas y otros sonidos de la naturaleza. Se puede acceder a estos sonidos en YouTube o descargarlos de las principales fuentes web de meditación.

Otro sonido digital que puede usar para la meditación son las guías de audio. En lugar de ir a los templos o instalaciones que albergan grupos de meditación, puede aprovechar las audioguías. Estas son esencialmente las grabaciones de un gurú, que habla palabras que pueden guiar su meditación. Por ejemplo, si desea probar la meditación autocurativa pero es su primera vez, es posible que desee tener una guía que lo pueda guiar hacia los pasos adecuados.

Mantras &Sutras

Los mantras, traducidos aproximadamente como palabras sagradas o expresiones sagradas, son una variedad de pronunciaciones de sonidos, sílabas, palabras, frases o una colección de estos, llamados sutras. Se cree que estas palabras poseen algún tipo de poder debido a su capacidad para aprovechar la fuerza psicológica primordial o el poder espiritual. Los mantras no son necesariamente gramaticalmente correctas o palabras reales en absoluto. En cambio, su valor radica en el sonido que producen y el pensamiento que simboliza.

Hasta hace 3000 años, se decía que los mantras se originaron en el este de Asia y pueden rastrear sus raíces en diversas filosofías, incluyendo el budismo y el hinduismo. Sin embargo, incluso las religiones del mundo como el cristianismo y el judaísmo poseen canciones que tienen el mismo valor espiritual que los poderes del mantra. En estos casos, son los himnos, canciones y otras herramientas similares que se usan generalmente en la música asociada con ceremonias religiosas.

En las escuelas de pensamiento budista e hindúes, los mantras son más que palabras. Se convierten en un objeto de gran reverencia, una herramienta vital en la búsqueda de conciencia de cualquier persona. También es una práctica personal, que lleva a que las personas desarrollen o reciban sus propios mantras que son únicos y que no se pueden encontrar en ningún otro lugar ni que nadie más los posea. Estos mantras se convierten en símbolos de grandes verdades, como realidad, paz, felicidad, conciencia, conocimiento y otras virtudes.

Algunos mantras son comúnmente conocidos y utilizados por grupos de practicantes individuales, pequeños y grandes. Algunos están ocultos en secreto, y se cree que algunos son demasiado grandes para ser divulgados a los no iniciados. Técnicamente, no significa nada, no es realmente una palabra. Su valor reside en el sonido que se produce cuando se pronuncia. Si bien todavía hay un debate sobre si los mantras son palabras reales. (Por ejemplo, tener un significado real o si realmente no tienen significado, son solo símbolos de pensamientos o ideas abstractas).

Algunos mantras son solo sonidos o sílabas. Algunos son tan cortos como una sílaba. Algunos mantras son más largos que las palabras, pero llenan libros enteros convirtiéndose en sutras o escrituras. En el medio hay canciones, oraciones y cantos que se utilizan al estudiar a los monjes y gurús.

El mantra más común y generalmente usado para los principiantes es el Aum o el Om. Conocido como el mantra pranava, se considera el origen de todos los mantras. La leyenda de OM dice que antes de todo lo demás, antes de la creación de los mundos, existía una existencia única, el Uno, Brahma. Su manifestación, la primera expresión de su realidad fue a través del sonido, que fue Om. Es este primer mantra el que se atribuye a ser el sonido primordial y la base de todos los sonidos sucesivos y otras manifestaciones. Los mantras se pueden repetir varias veces en cualquier sesión de meditación dada, pero hay números que producen el mejor efecto. Por ejemplo, puedes repetir un mantra para 5, 10, 28 con el número más afortunado de repeticiones siendo 108.

Aparte de Om, el mantra para el infinito, también hay otros mantras que se usan ampliamente. Algunos de ellos son:

Mantra Pavamana
De lo irreal, llévame a lo real.

De la oscuridad, guíame a la luz.
De la muerte, guíame a la inmortalidad.

Mantra Shanti
Om que los estudios que juntos emprendamos sean radiantes.
Que no haya animosidad entre nosotros.
Om Paz. Paz. Paz

Gayatri
Meditemos en la excelente gloria de la Luz divina.
Que estimule nuestros entendimientos.

Pratikaraman
Pido perdón a todas las criaturas, que todas las criaturas me perdonen
Que tenga amistad con todos los seres y enemistad con ninguno.

Mantra de Avalokitesvara & Otros Bodhisattvas
Ommanipadmehum- por compasión
Omvagishvarahum- porsabiduría
Omamaranijivantayesvaha- porvida eterna
Omnamoganeshaya- porprincipios
Omnamolakshmai- por prosperidad
Omnamoshivaya- por tranquilidad
Omnamonarayana- porequilibrio
Om tara- porsanación

Tenga en cuenta que no está limitado al uso de los mantras mencionados anteriormente. Si bien estos mantras antiguos y poderosos son realmente altamente recomendados para su uso como parte de su meditación, usted es más que bienvenido a elegir entre las versiones más modernas de mantras. Mantra y sutras son palabras que tienen un significado especial para usted. A menudo se usan repetidamente durante la meditación como un objeto de enfoque. Cuando usa las palabras, recuerde el simbolismo que representan.

Aquí hay algunos ejemplos de lemas convertidos en mantras personales de aquellos que los han desarrollado y que ahora están compartiendo con otros practicantes.

Por otro lado, los mantras, que son herramientas personales para su viaje único hacia la conciencia, también pueden crearse por su cuenta. Desarrollar un mantra es en sí mismo una parte de su viaje. Para desarrollar su mantra, puede comenzar con la visualización de su meta en el futuro. Por ejemplo, "estaré sano".

A continuación, identifique la razón principal por la que no está logrando ese objetivo. Si hay muchas razones, entonces trate de pensar en la única razón que, si se elimina, podría hacer que otras razones también desaparezcan. Por ejemplo, si está luchando con su salud debido a tomar decisiones incorrectas en su dieta y frecuentemente pierde sus sesiones de ejercicio, entonces su principal razón podría ser: "Me falta la disciplina".

Ahora, transforme la razón negativa primaria en una causa positiva y cambie el tiempo futuro de la declaración de metas en una afirmación actual. El resultado será: "Estoy sano porque soy disciplinado". Use este mantra para afirmar su éxito y su viaje cada vez que medite. Si tiene un punto focal, puede escribir las palabras y hacerlas visibles en su sala de meditación. Permita que la información positiva lo motive hacia el éxito y deje que los pensamientos de su salud lo impregnen durante sus sesiones.

Capítulo 14: Prácticas Diarias deMeditación

Practicar la meditación no es solo tomar unos minutos de paz y tranquilidad de vez en cuando. Tiene que ser parte de su vida diaria. Las personas que han incorporado sistemáticamente la meditación en su rutina diaria han mejorado significativamente su bienestar mental, emocional y general. Para que verdaderamente experimente los beneficios de la meditación, debe comprometerse a practicarla regularmente para que se convierta en un hábito.

Lo mejor de la meditación es que cualquiera puede hacerlo. Va más allá de la raza, la orientación sexual o el estatus socioeconómico; mientras ponga su mente y corazón en él, sin importar quién es o lo que hace, puede meditar, desarrollar un sentido más profundo de si mismo y aprender a vivir siempre en el presente. Puede desarrollar el hábito de meditar diariamente simplemente teniendo en cuenta cómo gasta su tiempo y cómo realiza su rutina diaria. La mayoría de nosotros, sin saberlo, vamos al modo "piloto automático" desde el momento en que nos despertamos hasta el momento en que nos retiramos a la cama. A veces nos metemos en la espiral de pasar por nuestro día sin pensar porque nuestras tareas diarias han sido arraigadas en nuestro sistema para que no tengamos que prestarles demasiada atención. Nuestros cerebros están programados biológicamente para codificar ciertas tareas que nos ayudan a combinar la enorme cantidad de información que encontramos todos los días. Esta es la razón por la que no tenemos que esforzarnos demasiado para hacer tareas cotidianas como comer, ir por el camino al trabajo o la escuela, o encontrar el camino al baño por la noche. Cuando practicas la meditación diariamente, también se convertirá en una parte habitual de tu rutina.

Establecer una rutina diaria de meditación es simple, pero no tan fácil. Debe tener el deseo, el compromiso y la disciplina antes de poder desarrollar con éxito el hábito de meditar diariamente. Aquí hay algunos consejos sobre cómo puede comenzar a meditar de forma regular:

1. Fije un lugar y momentoespecífico

El propósito principal de tener un tiempo específico y un lugar propicio para meditar es que incorpore fácilmente esta nueva actividad en su rutina diaria. Puede elegir cualquier momento para meditar, pero el momento más ideal es el momento en que se levanta por la mañana. Esto se debe a que comenzar temprano podría preparar su mente y su cuerpo para las cosas que tiene que hacer durante el resto del día. Además, es más probable que comience el día con una nota positiva cuando medite a primera hora de la mañana.

2. Sea Flexible

Invitaciones repentinas, cambios en el horario y otros eventos inesperados son inevitables. No importa lo duro que intente mantenerse comprometido, habrá días en los que tendrá que reprogramar o mudarse a otro lugar para meditar. En este tipo de situaciones, es importante mantener un cierto nivel de flexibilidad en su horario para que no se desanime a continuar su desarrollo cuando surja algo más.

3. Recuerde siempre los beneficios

Uno de los motivadores más efectivos para practicar la meditación diariamente son sus beneficios. Le resultará más fácil dedicar un cierto tiempo para hacer una pausa y meditar cuando mantiene sus ojos en el premio. Al recordarse constantemente las maravillas que la práctica de la meditación podría brindarle, es más probable que se concentre en fortalecer su hábito de la meditación diaria. Puede hacerlo enumerando sus objetivos de meditación y publicándolos en lugares estratégicos, como el espejo de su baño o la mesa de noche.

4. Tenga un Acompañante

Tener a alguien para recordarle que permanezca constante y disciplinado en su búsqueda de desarrollar el hábito de la meditación lo beneficiará enormemente. También podría funcionar a la inversa. No tiene que meditar en el mismo tiempo o lugar, pero debe recordárselo constantemente para que sea una práctica regular. Cuando se hacen responsables entre sí, es más probable que fortalezcan su compromiso de hacer de la meditación una parte de su rutina.

5. Siga su progreso

Si prefiere comenzar o reiniciar su práctica diaria de meditación, le ayudará si mantiene un diario sobre el proceso. Al registrar o escribir sus pensamientos, estará más consciente y consciente de las cosas que pasan por su mente a medida que explora su ser interior. Mantener un diario también le permitirá revisar sus experiencias meses o incluso años después de haberlos escrito. Esto le ayudará a ver cuánto ha crecido y madurado desde que comenzó a meditar diariamente.

Capítulo 15: Tópicos Especiales

Mitos &Conceptos erróneos
Debido a su creciente popularidad y entrada a la cultura moderna y occidental, millones de personas en todo el mundo practican la meditación. Sin embargo, algunos no pueden acceder a los muchos beneficios de la meditación debido a los mitos y conceptos erróneos que prevalecen. Desafortunadamente estos errores solo desaniman a los demás. Esta sección trata de discutir los mitos ampliamente conocidos acerca de la meditación y le brinda datos y verdades.

La Meditación es una práctica religiosa
Asociada estrechamente con las religiones orientales y las prácticas esotéricas, la meditación casi siempre se conoce como una práctica espiritual. La mayoría de las personas que pertenecen a diferentes religiones del mundo, como el cristianismo, el islamismo y el judaísmo, pueden rechazar la práctica de meditar y pensar que es una práctica religiosa que puede violar sus creencias.

La meditación es, de hecho, una práctica espiritual para aquellos que aplican sus técnicas como una forma de expresar su espiritualidad. Sin embargo, la meditación se puede utilizar por razones más seculares, como el acceso a sus beneficios. Por ejemplo, la meditación es conocida por aliviar la ansiedad y proporcionar calma y relajación. Esto significa que aquellos que desean obtener estos beneficios pueden simplemente hacer los ejercicios de respiración, sentir aún la serenidad pero sin asociarlos necesariamente con ninguna práctica espiritual.

De hecho, el budismo, la religión más comúnmente asociada con la meditación, ni siquiera es una religión. El budismo es un estilo de vida completo y un conjunto de prácticas que no reflejan ningún requisito de adoración u obediencia a un ser divino. La meditación se puede utilizar tanto para expresar su espiritualidad como para calmar los nervios y relajarse durante todo el día.

La Meditación es difícil de hacer

Otro concepto erróneo es que la meditación es una actividad difícil que solo pueden realizar quienes la estudian a largo plazo. Si bien hay algo de verdad en este mito porque algunas de las técnicas avanzadas de la práctica solo pueden ser realizadas por aquellos que han recibido años de educación y experiencia, la meditación no es necesariamente una actividad difícil de realizar. Los principiantes también pueden lograr los beneficios de la meditación, sin el entrenamiento riguroso que suelen realizar los monjes y gurús.

Como puede haber visto en las secciones anteriores, hay varios tipos diferentes de meditación y se están desarrollando más a medida que se presentan las necesidades. Algunos pueden ser realizadas solo por expertos, pero otros pueden ser realizadas por la persona promedio, que solo puede estar comenzando a meditar. La razón por la que se supone que la meditación es difícil es porque se piensa que la concentración debe lograrse.

La concentración o el enfoque son realmente necesarios en la meditación, pero no debe permitir que la necesidad le presione. Esta es una de las primeras razones por las que los intentos de meditación terminan en un fracaso. Cuando intenta alcanzar un objetivo o alcanza un objetivo mientras está meditando, estará demasiado preocupado con el destino que no se da cuenta del viaje o en este caso de la práctica de la meditación. No se concentre en lograr algo o en obtener resultados. No sea demasiado consciente de estar sentado en la posición correcta, oler el aroma correcto o escuchar la música de fondo correcta, disfrute y simplemente esté en el proceso.

Los beneficios de lameditaciónsolo pueden será accesados luego de varios años

La meditación solo puede ser beneficiosa cuando la ha estado haciendo durante varios años. Este es otro mito que hace a las personas impacientes y terminan ignorando la meditación. La verdad es que hay beneficios a largo plazo, aquellos que se pueden lograr después de años de entrenamiento y beneficios inmediatos y que se pueden lograr después o incluso durante la meditación.

Por ejemplo, un beneficio a largo plazo es la autoconciencia y potencialmente, la iluminación cuando se dedica a la práctica. Otro ejemplo es un conjunto de beneficios a corto plazo. Por ejemplo, los estudios muestran que las personas que han practicado la meditación han llegado a reducir sus niveles de ansiedad y sentimientos de estrés en tan solo 2 meses de práctica. Un beneficio más inmediato es tan pronto como se sienta, comienza a sentirse relajado, más consciente y más en paz consigo mismo.

Debido a que la meditación a menudo se describe como realizada en largos períodos de tiempo, a menudo se asume que la meditación requiere demasiadas horas de su día. Esto hace que sea una elección muy difícil, especialmente para las personas que tienen poco tiempo tanto en casa como en el trabajo. La verdad es que la meditación se puede hacer en un lapso de años sin parar y en un lapso de tan solo 5 minutos. La meditación se puede hacer cuando camina a su oficina, come su almuerzo e incluso se relaja en un parque. Puede dedicar varias horas a unos pocos minutos a la práctica.

La Meditaciónno cura

Otro mito es que la meditación es una forma o curandero médico que no proporciona beneficios reales para el cuerpo físico. La verdad es que algunos médicos ya están prescribiendo la meditación a sus pacientes debido a su contribución al tratamiento del estrés. Uno de los principales desencadenantes de las enfermedades modernas hoy en día es el estrés. Estos factores de estrés tienen una forma de manifestarse en el mundo físico a través de dolores corporales y quejas. La meditación es una de las mejores herramientas para combatir el estrés.

Por supuesto, también es importante gestionar sus expectativas de meditación. No es una actividad milagrosa que puede resolver todas las preocupaciones, ansiedades y problemas de la vida. No puede reemplazar ninguna solución médica actual que esté tomando y sustituirla con meditación. Tampoco es un medicamento milagroso que cuando termine automáticamente resolverá sus problemas de salud.

Tampoco todos tienen el mismo viaje con la meditación. Por ejemplo, algunos pueden tardar algunos meses en comprender y practicar sus técnicas con éxito, mientras que otros pueden llevar años o incluso décadas de práctica. No significa que uno de sus compañeros meditadores haya estado cosechando los beneficios de la meditación y usted no. Incluso si ha comenzado al mismo tiempo, entonces no significa que haya fracasado. La meditación es un viaje personal.

La Meditación es otra formade hipnosis

Otro concepto erróneo con la meditación es que se equipara con la hipnosis. Debido a las características similares compartidas entre estas dos actividades, a menudo se asume que son una y la misma. Por ejemplo, tanto la meditación como el hipnotismo se basan en lograr una sensación de relajación para lograr sus respectivos objetivos. A veces, también hace uso de las mismas posiciones, como pararse o sentarse quieto. Sin embargo, es en estas dos características que terminan sus similitudes.

La hipnosis tiene que ver con el enfoque que necesita para llegar al subconsciente, alterarlo para que se puedan hacer cambios. Por ejemplo, si tienes fobia al agua, un hipnoterapeuta puede llevarle a un estado subconsciente y permitirle trabajar en el miedo a ese nivel para que su nivel consciente sea capaz de superar el miedo. La hipnosis lleva a la persona a su pasado, intenta abordar cualquier problema no resuelto de ese período para que ya no afecte el presente.

La meditación es diferente. En lugar del subconsciente, el practicante se enfoca en su conciencia interna, su alma y su corazón. En lugar del pasado, la meditación se centra solo en el presente y ni siquiera en el futuro. La meditación es todo sobre el ahora. En lugar de intentar cambiar el pasado, lo libera. También se cree que el pasado son solo recuerdos y no pueden controlar completamente a las personas. En lugar del enfoque clínico del hipnotismo, la meditación solo afirma y propaga el amor, la paz y la alegría.

Otro punto de contraste entre la meditación y la hipnosis es el objetivo. La hipnosis tiene un propósito, se hace con un objetivo. Está destinado a ser utilizado como terapia, una forma de romper hábitos o un método para cambiar el comportamiento negativo o mejorar el comportamiento positivo. Llena la mente del paciente con pensamientos y, a veces, bombardea con sugerencias. Por otro lado, la meditación puede ser todo lo contrario. No hay un objetivo y no son los medios para un fin, realizar la meditación es solo para el propósito de la meditación. Además, en lugar de llenar las mentes con pensamientos, la idea de la meditación es eliminar todos los pensamientos y distracciones. La mente debe ser desechada de todas las ideas para que esté preparada para la percepción y una mayor conciencia.

Quizás la razón por la que hay tantos conceptos erróneos acerca de la meditación, aparte de la falta de información válida al respecto, se deba a las muchas variantes de la meditación. Tenga en cuenta que las técnicas de meditación pueden ser tan antiguas como la práctica en sí, pero también pueden ser tan nuevas como las que se desarrollaron en los tiempos modernos. Lo importante a tener en cuenta es que antes de dejar que una idea lo desanime de practicar la meditación, tómese un tiempo para investigar, validar y luego tomar una decisión. Deje que su experiencia de meditación decida si la prosigue o no, no permita que información errónea lo desanime a intentarlo.

Meditaciónpara Niños

La meditación no solo es accesible y beneficiosa para los adultos sino también para los niños. Puede parecer poco probable que los niños realicen, y mucho menos que necesiten, meditación. Sin embargo, los estudios muestran que los cambios en la cultura y la tecnología del mundo moderno dan como resultado un aumento de los niveles de ansiedad y estrés para los niños.

Una de las enfermedades más prevalentes que sufren los niños en el mundo actual es el TDAH (Trastorno por Deficit de Atención e Hiperactividad). Otra prueba de la aparición temprana de ansiedad es que se ha encontrado TDAH en niños de hasta 6 años de edad. Es esta misma enfermedad la que ha llevado a los médicos con capacitación occidental a incluir la meditación en el régimen de tratamiento de los niños con TDAH. La investigación muestra una marcada mejora de los niños con TDAH que utilizaron la meditación. Tienen mejores relaciones con sus padres, familiares y compañeros. Su confianza en sí mismo mejora. También hay casos en los que más de la mitad de los niños se volvieron más independientes de sus medicamentos y algunos dejaron de tomarlos por completo.

Cuando haya tomado la decisión de probar la meditación para sus hijos, es importante en primer lugar convencerlos de que prueben la meditación. Una de las mejores maneras de hacer esto es mostrarles que está meditando uno mismo. Los niños son muy impresionables e intentarán copiar a adultos o figuras adultas en sus vidas. Cuando le vean meditar, sentirán curiosidad y estarán más que interesados en probarlo ellos mismos. Considere la posibilidad de meditar temprano en la mañana y permita que se unan a usted por unos minutos de silencio.

Una vez que haya ganado su interés, comience a explicarles en términos simples pero comprensibles de qué se trata la meditación. Dígales que ha comenzado a usarlo debido a sus muchos beneficios y que le gustaría que también tuvieran esos beneficios. Anímelos pero no los obligue a intentarlo. La mayoría de los niños se lanzarán a la introducción de algo nuevo.

Una vez que haya obtenido su aprobación, ahora es el momento de presentarles las técnicas para principiantes en la meditación. Es importante comenzar con simples que sean amigables a sus edades. El ejercicio más simple que puede introducir es ejercicios de respiración simples. Al pedirles que no hagan nada más que sentarse y simplemente respirar, ya está creando una sensación de calma que es especialmente importante para los niños con TDAH.

Guíelos a lo largo de la meditación haciéndola con ellos y dándoles instrucciones en cada paso del camino. Por ejemplo, pídales que respiren lo más profundo que puedan. Luego pídales que aprieten los labios y que expiren lo más lentamente posible. Para los niños con TDAH, se dice que respirar a través de una fosa nasal y luego a través de otra mejora el equilibrio entre ambos lados de su cerebro.

Otro tipo de meditación que se puede hacer, divertido con los niños es el yoga. Elija posturas interesantes con ellos para mantener su atención enfocada en la actividad. Una de las más adecuadas es la pose de saludo al sol. Ayúdelos a alcanzar las posiciones comenzando con ellos de pie, con los pies juntos y las palmas en posición de oración. Respire hondo mientras esté en esa postura.

Al inhalar, levante las manos hacia el cielo y al exhalar, pídales que alcancen sus pies. Si no pueden alcanzar, permítales llegar tan lejos como puedan sin forzarlos. Inhale de nuevo, pero ahora tome la postura ecuestre. Puede hacerlo doblando la rodilla izquierda y luego extendiendo la pierna derecha hasta la espalda. Levante sus manos. Expire de nuevo mientras toma la postura de la montaña, que es hiperextendiendo sus nalgas con los pies en el suelo y los brazos en el suelo también creando una forma de V invertida.
Luego, pídales que se recuesten sobre su pecho, pero que soporten su peso con las palmas y las piernas mientras caminan de puntillas. Levante sus nalgas y la cabeza, deben estar de espaldas al piso. Inhale y exhale durante tres respiraciones en esta postura. Ahora baje

la cintura hasta que toda la parte inferior del cuerpo toque el suelo, pero con el pecho levantado y las palmas apoyadas en el suelo. Esto se llama la postura de la cobra y se realiza con la inhalación. Exhale nuevamente usando la forma de V invertida nuevamente hasta que trabaje en reversa, desde la ecuestre, de las manos a los pies, de las manos al cielo hasta que vuelva a estar en su posición original.

Otra técnica de meditación que puede ser usada es la visualización. Es mejor hacerla con ellos justo antes de la hora de acostarse en sus camas. Para relajarlos, pidales que cierren sus ojos y guie sus pensamientos con sus palabras. Pinten un cuadro de algo calmo, como un lago que está quieto con vientos susurrando a través de las hojas y el pasto suavementebalanceado con el viento. Usted puede cambiar las visuales así como ustedlo considere necesarioy apropiadohacia las preferencias de los niños.

Los mantras pueden ser utilizados también con los niños. Para los niños, ellos no deberán pensar en los mantras como son pero como canciones que ellos están cantando. Sin embargo, usted puede guiarlos con el uso de los mantras escogiendo diferentespalabras que mejor se ajusten a su objetivo para ellos de relajación. Om es uno de los mejores mantras iniciadoresque inclusive los niños pueden usar. No controlea sus niños diciendoles una forma de pronunciar la palabra, déjelos jugar alrededor con el mantra. Otras técnicas pueden ser usadas con ellos, tales como enfocarse en un objetoy otrastécnicasque ellosquieran intentarque sean seguras pero también beneficiosasparaellos.

Por supuesto, a los niños se les debe dar su propio espacio de meditación. Esto no es solo algo que les da a ellos diversión, tener su propio *nook* (rincón o ángulo) para intentar lameditación, pero también les da una asociación importante. Esteespacioestará muy asociadocon la calmay serenidadque lameditaciónpuede proveer. Cuando ellos estén en su espacio, ellos se sentirán en el mismo estado porque ellosse habrán acostumbrado al espacio como un lugar para la calma. Usted puede utilizar este espacio por ejemplo cuando haya un episodio de ansiedadyentonces usted puede llevarlos a ese espacio para crear un efecto calmante.

Meditación Guiada

La meditación guiada se aplica cuando los profesionales prefieren ser dirigidos por un maestro o un experto durante su meditación. Tome en cuenta que tanto los principiantes como los meditadores expertos usan la meditación guiada. Esto implica una guía que le da instrucciones con una voz suave y relajante. Le proporciona indicaciones sobre cómo pensar, en qué concentrarse y qué patrón de respiración debe tomar. Los guías también pueden brindarle mantras y señales visuales para ayudarle a repasar su meditación.

Este tipo de meditación es especialmente útil para los nuevos practicantes que aún tienen experiencia limitada en la práctica. Por ejemplo, si es un principiante y su mente comienza a vagar hacia otro conjunto de pensamientos aleatorios diferentes, un guía puede ayudarle a regresar al camino de la meditación sin requerir demasiado esfuerzo en su final. Además, los guías tienen el beneficio de la experiencia de su lado, que le proporcionará muchas lecciones que puede aplicar más adelante cuando decida realizar la meditación usted mismo.

A continuación se muestra un ejemplo de guion de meditación guiada que puede leer por su cuenta para ayudarlo durante su proceso de meditación. Cada uno tiene distintos propósitos:

Guía de Respiración

Empecemos. Durante este ejercicio de respiración, se le hace consciente del poder de su respiración. Siga mis palabras para guiarle sobre cómo respirar.

Inhale por 4 segundos y mantenga la respiración por 3 segundos y exhale por 5 segundos.

Inhala 1, 2, 3 y 4

Aguanta la respiración en 1, 2 y 3

Exhalar en 1, 2, 3, 4 y 5

Repita este modelo de respiración de 4 a 5 veces.

Respire lentamente, no se apure con el patrón. Tómese su tiempo y experimente cada respiración que tome. Si tiene dificultades para mantener el patrón, ajústelo a una duración menor y avance gradualmente hasta el número de recuentos objetivo.

A medida que se familiarice con el patrón de respiración, debe cambiar su enfoque de contar a ser realmente consciente del camino que toma su respiración cuando el aire entra y sale de su cuerpo. Comience sintiendo la forma en que el aire entra en su cuerpo a través de sus fosas nasales. Sienta como entra en sus fosas nasales y hasta su garganta.

A medida que llega a la garganta, sienta cómo pasa a su tráquea y cada vez más profundo en su cuerpo. La respiración descenderá hacia varios pasajes, comience con vasos grandes y progrese hacia unos más estrechos y más estrechos hasta que llegue a sus pulmones.

Sienta como los pulmones se expanden a medida que se llenan con el aire. Sienta como sus hombros se levantan para acomodar la expansión de los pulmones. Sienta como su diafragma baja para proporcionar más espacio. Cuando sus pulmones están en su máxima expansión, sienta la tensión momentánea de contener la respiración.

Ahora exhale. El aire ahora dejará sus pulmones y se moverá hacia arriba hacia su boca. Volverá a través de su garganta y luego a su boca y finalmente a través de sus labios. Cuando monte sus labios, sienta cómo el aire sale lentamente de sus labios. Repita el ciclo de nuevo.

Cuando tenga una idea del patrón, observe cómo las respiraciones crean un conjunto repetitivo de ondas que resultan en una calma lenta y predecible. Sienta la inhalación, la pausa y la exhalación. Sienta como corre por el resto de tu cuerpo. Sienta la calma durante esos breves momentos entre inhalación y exhalación.

Al salir del estado meditativo, no se levante todavía. En su lugar, sienta la relajación que ha logrado. Vea cómo su patrón de respiración se ha vuelto más regular, más controlado y mejor que nunca. Cuando haya disfrutado por completo de los efectos inmediatos del patrón de respiración, cuente hasta 5. 1, 2, 3, 4 y 5. Ahora levántese y comience el día, tranquilo y relajado pero con total control de su conciencia por el resto deldía.

Para una colección de guiones de meditación para una variedad de objetivos.

La meditación guiada también es una oportunidad donde la meditación antigua se cruza con la tecnología moderna. Tradicionalmente, la meditación guiada es realizada por un experto o un maestro que luego organiza una sesión de meditación grupal en un templo o en una instalación de meditación. Sin embargo, las demandas a su tiempo y la atención de los diferentes compromisos pueden dificultar la visita de estos templos. Como resultado, las guías grabadas están disponibles. Estos son archivos de audio que graban la voz de su guía y luego puede reproducirlos por su cuenta, en la comodidad de su hogar, para que pueda tener esta experiencia guiada de meditación.

Cada uno de los archivos de audio de meditación suele clasificarse en los objetivos que pretenden cumplir. Algunos son muy generales y le proporcionan una guía sobre cómo relajarse, ser consciente o simplemente lograr un estado meditativo. Algunos son más específicos, como la curación, el cultivo de emociones, la relación y el logro de estados superiores de conciencia.

Hay archivos también que hacen uso de otras técnicas, como la visualización guiada. En este archivo, el guía proporciona indicaciones específicas que le permiten desarrollar la imagen del pensamiento real que está tratando de construir. Por ejemplo, puede elegir un archivo que lo guíe para pintar paisajes que sean tranquilos y relajantes. Puede ser el de un paisaje tranquilo o una cascada serena. Es mejor reproducir estos archivos en un conjunto de altavoces a un volumen bajo en lugar de usar auriculares. Debe ser lo más libre para moverse con su cuerpo y los cables solo pueden obstaculizar su movimiento.

Grupo deMeditación

Una de las técnicas en crecimiento hoy en día en el mundo moderno es la aplicación de la meditación en un entorno grupal. Tenga en cuenta que esto no es un fenómeno nuevo. De hecho, el grupo de meditación ha estado en práctica durante miles de años y fue impartido por los primeros maestros que fueron enseñados simultáneamente por el mismo Buda.

La meditación es precisamente una cuestión de explorar el yo y aumentar la conciencia. Sin embargo, todavía hay beneficios que se pueden obtener al realizar la actividad con un grupo en lugar de hacerlo solo. El primer grupo de meditación le permite ampliar sus intenciones cuando lo hace con aquellos que comparten el mismo objetivo para su meditación. Se cree que cuando más de una persona se reúne con una intención similar, los cambios mejoran. Segundo, también fortalece su conexión con otros practicantes.

Una ventaja muy importante de la meditación grupal es que puede beneficiarse del intercambio de experiencias y mejores prácticas aprendidas por otros. Si bien cada uno de ustedes puede tener caminos personales en su viaje en meditación, hay algunos pasos que pueden compartirse. En lugar de tener que aprenderlo por si mismo, puede aprovecharse de aquellos que vinieron antes que usted. Además de estar en la compañía saludable de aquellos que comparten el mismo interés que usted, le hace reverberar las emociones positivas que sienten los miembros del grupo. Los meditadores de grupo se sienten menos solos y se sienten más motivados cuando emprenden el viaje con otras personas.

Otros beneficios incluyen la sensación de interacción física y cara y cara que no se puede lograr con solo meditación. Puedes compartir historias sobre su viaje o dar testimonios sobre cómo lo hizo funcionar y cómo otros pueden ayudarle en sus desafíos de meditación. Puede sentir y crear conexiones reales con personas de ideas afines. Otro efecto importante de la meditación grupal es que puede crear un grupo de apoyo que le puede guiar de vuelta al camino. Esto es importante para que esté motivado a seguir su meditación.

También están disponibles los comentarios si participa en grupos de meditación. Es común que meditadores de diferentes niveles de experiencia se unan en un grupo con novatos. Usted puede beneficiarse de su conocimiento y experiencia. Aproveche la sesión haciendo algunas preguntas que no puede responder en su propio estudio de la práctica.

Finalmente, aunque todavía no se ha probado, existe lo que se llama el efecto de onda. Los estudios sugieren que cuando un grupo de meditadores practica, hay ondas de vibraciones que se emiten y amplifican a medida que pasan de una persona a otra y al resto del grupo. Se realizó un estudio a gran escala en un área en Inglaterra. La comunidad realizó meditación grupal y en otra área, no se practicó meditación. La tasa de criminalidad de los no meditadores se mantuvo igual, pero la tasa de quienes meditaban disminuyó.

Hay varios lugares donde la meditación grupal puede ser un potencial. Aparte de un templo, algo tan accesible como su hogar puede albergar al grupo. También puede alquilar un estudio o incluso un rincón tranquilo en el parque puede ser adecuado para sus necesidades de meditación.

Comenzar un grupo de meditación es fácil. No tiene que comenzar en grande y, con frecuencia, los primeros miembros del grupo serán familiares y amigos cercanos. Encuentre un horario conveniente donde todos estén disponibles y nadie se vea presionado por compromisos o tareas urgentes. Prepare el lugar para su meditación, a veces, el piso es más que suficiente. Puede solicitar a sus invitados que traigan sus mats, si no tiene suficientes.

Hoy en día, puede hacer uso de la tecnología solo para coordinar ejercicios de meditación grupal. Por ejemplo, puede usar estos sitios para ubicar el host de meditación grupal más cercano en su área o puede anunciar que está hospedando uno. También puede fijar un evento de Facebook o Google para invitar a que la bola empiece a rodar. Meetup es un sitio popular que hace la coordinación por usted.

Asegúrese de aprovechar los beneficios de la meditación grupal al aprender de la experiencia de sus colegas y compañeros practicantes. Además, recuerde que, dado que también forma parte del grupo, muestre gratitud a quienes le enseñaron, transfiriendo el conocimiento que transmitieron. Al pagarlo de vuelta, puede cultivar más energías positivas, compasión y empatía hacia los demás. Esto no es solo de lo que se trata la meditación grupal sino también de la meditación en general.

Conclusión

Ahora que está familiarizado con los principios básicos de la meditación y ha aprendido acerca de las diferentes formas en que podría meditar, lo aliento a que aplique estos pasos y continúe su viaje para tener una mayor capacidad de resistencia al estrés y conocer su verdadero ser interior.

Recuerde que una de las mejores maneras de profundizar su práctica de meditación es participando en ella, independientemente de si se siente estresado o no. A medida que amplíe y profundice su práctica de meditación, experimentará cómo puede ayudarlo a tener una vida más feliz y saludable. Como puede ver, la meditación puede mejorar significativamente no solo su salud física, sino también su salud emocional y mental. Con la meditación, puede liberarse de sus adicciones o antojos, ser más resistente al estrés, tener un sueño más profundo y un mejor estado de ánimo. Si quiere vivir con una nueva y mejor perspectiva, ahora sería un buen momento para encontrar un lugar tranquilo, ponerse cómodo y comenzar a crear el hábito de la meditación.

Como un artista hambriento con una determinación insaciable de ganarse la vida compartiendo estrategias que tienen el potencial de cambiar una vida, espero usted pueda encontrar algo de valor dentro de este libro. Trabajar para hacer una carrera a tiempo completo con esto nunca ha sido fácil y admito que me desanimo en los momentos en que me siento abrumado por todo lo que me propuse lograr. Pero luego recuerdo que aprender y transmitir mi amor por la espiritualidad y el potencial me da un entusiasmo renovado por la vida. Es por lo que creo que estoy aquí. Estoy abierto a escuchar sus pensamientos y si usted fuera lo suficientemente amable, me encantaría saber su opinión honesta sobre mi trabajo. Ya sea que lo ame, que le disguste, o que se sienta indiferente, escuchar lo que tiene que decir solo me puede ayudar a mejorar mis esfuerzos cada vez. Y, lo que es más importante, hará que mi contenido sea una experiencia más agradable y enriquecedora para los lectores.

www.ingramcontent.com/pod-product-compliance
Lightning Source LLC
LaVergne TN
LVHW011937070526
838202LV00054B/4689